AF257702

Couvertures supérieure et inférieure
manquantes

GABRIEL MONOD

MEMBRE DE L'INSTITUT

LES DÉBUTS D'ALPHONSE PEYRAT

DANS LA CRITIQUE HISTORIQUE

Extrait de la *Revue historique*,

Tome XCVI, année 1907.

(Les tirages à part ne peuvent être mis en vente.)

PARIS

1907

LES DÉBUTS D'ALPHONSE PEYRAT

DANS LA CRITIQUE HISTORIQUE.

Aujourd'hui que nous sommes familiarisés avec le style de Michelet et que tous nos livres d'histoire sont pénétrés de l'esprit et des idées dont son œuvre a été inspirée, nous avons peine à concevoir les impressions de nouveauté, d'étonnement, d'enthousiasme et de réprobation qu'ont éprouvées les contemporains à l'apparition de son *Histoire romaine* en 1831, et surtout des deux premiers volumes de son *Histoire de France* en 1833.

Ces deux premiers volumes, qui comprenaient tout le haut moyen âge jusqu'au dernier quart du XIIIe siècle, formaient, dans la pensée de Michelet, la première partie d'un ouvrage qui, en cinq volumes, devait embrasser toute l'histoire de France. Le t. III devait être consacré aux institutions, les t. IV et V à la fin du moyen âge et à l'ancien régime. Cinq siècles devaient y être résumés, de même que quatre siècles se trouvaient résumés dans les 300 dernières pages du t. II.

Tout paraissait nouveau dans la manière dont Michelet avait conçu son œuvre. Toute la période antérieure à l'avènement de Hugues Capet était considérée par lui comme une introduction à l'histoire de France proprement dite, introduction qui comprenait une étude sur les races primitives qui avaient occupé le sol de la France, puis l'histoire de la Gaule indépendante, de la Gaule romaine et de la Gaule franque. Dans cette histoire, la première place était donnée à l'église chrétienne, c'était elle qui déterminait les destinées de la dynastie mérovingienne comme de la dynastie carolingienne. Puis, au deuxième volume, quand une dynastie vraiment nationale surgissait au milieu de la diversité provinciale du monde féodal, Michelet s'arrêtait pour donner à son histoire une base nouvelle, une base géographique, après la base ethnographique et religieuse posée dans le premier volume. Il traçait un tableau de la France, qui, malgré les progrès

accomplis depuis lors par la géographie physique, la géographie
économique et surtout la géographie humaine, reste un morceau,
non seulement d'une incomparable beauté, mais où, au milieu de
beaucoup d'ignorances, d'erreurs et de fantaisies, se trouvent une
foule de pages d'une observation pénétrante et d'une vérité
durable. Dans l'histoire des Capétiens, c'étaient encore les rapports
de l'Église avec l'État et la société qui étaient pour Michelet le
secret de toute l'évolution historique. La querelle des investitures,
les croisades d'Orient, la croisade des Albigeois, le développement de la littérature épique et dramatique et de l'architecture
gothique étaient présentés comme les grandes manifestations de
l'influence de l'Église sur notre histoire, et la figure de saint
Louis apparaissait comme le symbole de ce moment solennel où
une sorte d'équilibre harmonieux s'est établi dans le monde féodal, dominé par la royauté chrétienne d'un saint associée à la
papauté, mais où on peut déjà entrevoir les symptômes avant-
coureurs du divorce entre le pouvoir civil et le pouvoir religieux,
et de la ruine, non seulement de la théocratie rêvée par les grands
papes, mais de l'idéal religieux du moyen âge lui-même.

Les représentants de la tradition classique et rationaliste du
XVIIIᵉ siècle étaient également choqués du rôle prépondérant
accordé à l'Église par Michelet, de l'admiration sympathique
avec laquelle il parlait du catholicisme médiéval, et du style pittoresque, imagé, ému, lyrique, dans lequel Michelet racontait
l'histoire, ou exprimait les sentiments d'une exaltation parfois
mystique que le moyen âge lui inspirait. Un de ses collègues de l'Université, avec qui il entretenait des relations très
amicales, Viguier, libéral et voltairien ardent et non moins ardent
classique, lui exprimait dans deux lettres des 28 et 29 janvier
1834 la tristesse et l'indignation que lui avait causées la lecture
de ses volumes : « J'aurais besoin, lui écrivait-il le 28, d'un
entretien avec vous qui serait terrible, car je vous honore et vous
aime assez pour vous dire ce que peu d'amis, aucun peut-
être, n'auront su vous dire franchement. Je ne vous parlerai
qu'en mon nom, quoique bien sûr de vous représenter le sentiment de beaucoup d'hommes éclairés et judicieux... Nous cause-
rons à cœur ouvert et le livre en main. Je veux vous crier dans
la conscience le rappel de l'historien comme du politique : *Bon
sens!* et un autre rappel dont les esprits enthousiastes n'ont pas
moins besoin que d'autres : *Bonne foi!* » Et revenant à la charge

le 29 : « Il n'y a d'émotion dans ma lettre que celle qui tient à l'accomplissement d'un devoir, à la nécessité où je me suis engagé vis-à-vis de quelqu'un qui vaut mieux que moi, de le reprendre, de l'avertir qu'il se trompe et se laisse tromper par les travers du temps, j'entends l'immense erreur que m'offrent la conception générale et le système, le mode de travail, la méthode de composition et le style de cet ouvrage. »

Le *National* qui, sous la direction d'Armand Carrel, était également hostile au romantisme et au mysticisme catholique, voyait en Michelet un représentant de ces tendances. Désiré Nisard, qui était alors très lié avec Michelet, qui avait été dans la confidence de son travail, qui l'admirait et l'aimait, qui savait que Michelet n'était ni un croyant ni un disciple du cénacle romantique, mais qui était classique dans l'âme et redoutait pour son ami les entraînements de son imagination et de son cœur, accepta de faire dans le *National* le compte-rendu de l'*Histoire de France*. Il pensait, en mêlant habilement la critique à l'éloge, d'une part faire comprendre à un public hostile les mérites de Michelet et d'autre part faire entendre à celui-ci quelques avertissements utiles. Les trois articles qu'il lui consacra les 20, 24 et 31 janvier 1834 furent les plus importants qui eussent encore été consacrés à Michelet. Nisard y faisait un portrait curieux de cet anachorète de la science, fermant sa porte au monde, vivant dans une retraite ascétique, se livrant à un travail furieux qui lui donnait une fièvre perpétuelle, émaciait son corps, blanchissait ses cheveux, mais le faisait vivre dans une sorte d'exaltation de visionnaire[1]. Il indiquait avec beaucoup de force et de verve les reproches qu'on adressait à Michelet et ce qu'il y avait de contradictoire dans son entreprise. Il avait très bien aperçu que Michelet, dès ses débuts, se considérait comme exerçant un rôle d'éducateur et visait, non seulement à faire avancer la science, mais à exercer une action sur les âmes :

M. Michelet, dit-il, a voulu agir sur les idées de son époque avec des ouvrages historiques, c'est-à-dire l'espèce d'ouvrages qui s'accommode le moins, après ceux de pure science, de l'allure rapide et de l'air d'improvisation des écrits qui prétendent à une influence immédiate sur l'esprit contemporain. Il a voulu fouiller le passé plus

1. Nous donnons en appendice le texte presque complet de ces articles de Nisard.

profondément qu'aucun de ses devanciers et cependant parler au présent de chaque jour, de chaque moment. Il a senti que, dans ces renouvellements, si rapides et si brusques, des idées contemporaines,... il fallait improviser et faire de l'histoire en courant pour être compté. Mais, en écrivain probe, il n'a voulu improviser que des choses mûries longtemps ; il a écrit en courant, mais après avoir étudié au pas. M. Michelet a compris... que la supériorité, dans ce temps-ci, ce serait de faire vite et de faire bien. Tâche horrible, tâche usante.

Nisard a très exactement exprimé ici la pensée même de Michelet. Dans les conseils que celui-ci donnait à ses élèves pour leur carrière d'écrivains, il leur disait qu'il faut préparer longuement, laborieusement son sujet, mais qu'une fois le travail préparatoire terminé, il fallait écrire vite, « pour ne rien laisser perdre de sa verve et de sa chaleur, et aussi parce que, de nos jours, il faut agir, et le temps presse ».

Nisard ajoute que le public n'a pas tout entier répondu à l'attente de Michelet et a été mis en défiance par cette verve et cette chaleur même. « Les uns, dit-il, le trouvent trop passionné pour l'histoire, les autres trop poétiques. Ceux-ci disent : c'est de l'histoire lyrique ; ceux-là : c'est de la poésie historique. »

Dans son second article, Nisard marque avec justesse la place prise par Michelet entre les généralisateurs comme Guizot, qui font avant tout l'histoire des idées et de la civilisation, et les narrateurs comme Sismondi et Augustin Thierry. Michelet généralise comme les premiers, quoique dans un tout autre but ; il descend aux détails, aux individus comme les seconds ; il fait à la fois et tour à tour l'histoire des faits et celle des idées. Et Nisard, qui connaît Michelet et a causé avec lui de ses théories, indique avec clairvoyance quelle est l'idée qui le guide dès le début de son histoire. Il discerne en lui l'historien de la Révolution à une époque où les rédacteurs des journaux catholiques, où Montalembert, Eckstein, Lamennais, Nettement voyaient en lui un dévot du moyen âge.

Pour Nisard, l'idée générale qui guide Michelet, c'est l'unité de la France :

Il fait tout converger, races, empire, féodalité, individus, vers un mystérieux avenir d'unité nationale. Non seulement il fait l'histoire du futur dans le présent, mais pour chaque époque en particulier, il fait une histoire de l'esprit comme pendant à l'histoire des faits, et il donne une formule ou religieuse ou politique ou philosophique de la pensée qui a dominé cette époque... Ce travail de généralisation est double; il comprend le présent et l'avenir... Chaque époque a sa fin particulière, et en outre prête son aide à une fin cachée qui aura son plein développement plus tard. C'est au profit du rôle souverain et civilisateur de la France que conclut M. Michelet. La France a accompli l'œuvre de son unité..., mais elle s'est faite une pour intervenir plus activement dans les affaires du monde... Si M. Michelet se tait prudemment sur le mode et l'exécution que l'avenir prépare, il laisse voir toute la ferveur de sa foi sur le rôle de la France militaire de la Révolution et de Napoléon. C'est sous ce rapport que M. Michelet est l'homme des idées avancées, l'homme des générations nouvelles qui sont appelées à prêter leur tête et leurs bras et, s'il le faut, à donner leur vie pour que la France fasse ce qu'elle doit.

Si Nisard a vu, avec une prescience qui peut surprendre, tout l'avenir de la pensée et de l'œuvre de Michelet, il a été gêné, pour juger l'œuvre qu'il avait sous les yeux, par cette idée générale qu'il sentait derrière tout ce que Michelet écrivait. Il admire sa science prodigieuse, le soin qu'il a de toujours remonter aux sources, l'imagination avec laquelle il anime ses matériaux, mais il lui reproche, non seulement d'appliquer à l'histoire un style qui ne lui convient pas, mais de manquer d'ordre et de méthode :

M. Michelet a une fougue d'écrivain qui contrarie l'esprit de suite et de méthode que demande l'histoire; son récit s'emporte, se déchaine, et tantôt amoncèle des faits secondaires sur un point, tantôt dégarnit un autre des faits essentiels.

Et il raille l'exaltation qui jette Michelet dans des accès de lyrisme désordonnés, en particulier dans les pages sur l'art gothique :

L'histoire de France est en général trop chargée d'images, les générations y ont une vie galvanique; les monuments y respirent; les ogives des cathédrales y pensent; les croisées y méditent et y rêvent; l'ardent historien veut mettre une pensée à chaque pierre, une passion à chaque coup de ciseau, à chaque entaille une souffrance, ou un doute ou une foi.

« Si M. Michelet était toujours sublime, dit Nisard en terminant, je le plaindrais et n'oserais me faire le garant de son avenir littéraire ; mais quand je le vois simple, sobre, ménageant ses richesses, ce qui est la seule manière de prouver qu'on est riche, alors je l'admire et l'envie. »

Sainte-Beuve, qui avait éprouvé pour l'*Histoire Romaine* de Michelet une admiration presque sans mélange, était, lui aussi, un peu effarouché par le lyrisme débordant de l'*Histoire de France*. Tout en accueillant avec une vive joie cette œuvre « si pleine de science et d'imagination », il trouve toutes sortes de raisons pour ne pas se charger de parler dans la *Revue des Deux-Mondes* de cette œuvre enflammée. Il réserve pour plus tard « la consolation de faire à mon gré et avec l'attention convenable une étude et un essai de peinture d'une œuvre et d'un homme qui vont s'accroissant et grandissant de plus en plus et envers qui je ressens tant d'admiration et aussi d'amitié et de vif retour ». Il laisse entendre tout doucement la dissonance qui existe entre son genre d'esprit et celui de Michelet : « Un article dans la Revue, tel qu'un ouvrage de cette importance et de cette portée en mérite, serait un peu comme un torrent impétueux et un Éridan à travers ma pauvre prairie artificielle que je tâche de mener à bonne récolte avec toutes sortes de précautions. Votre livre n'est pas de ceux qu'on effleure et qu'on interprète vite, c'est un aliment de forte et lente digestion[1]. »

Le grand railleur et grand poète Henri Heine, qui était, lui aussi, comme Sainte-Beuve, un fils du xviiie siècle enrôlé dans l'armée romantique, envoyait à Michelet un témoignage d'admiration où se mêle une nuance d'ironie. Il lui écrit le 20 janvier 1834 :

Monsieur, si par hasard je n'avais pas lu dans le *National* d'aujourd'hui[2] que vous êtes barricadé contre les visites des importuns, je serais venu en personne vous remercier pour votre précieux présent, qui me vient si inattendu, si merveilleusement inattendu, si tombé du ciel que j'en suis d'autant plus enchanté. J'ai lu votre article dans la *Revue des Deux-Mondes*[3] et j'ai déjà commencé votre livre. Il est si parfumé de poésie qu'il ressemble à un bouquet. Est-ce qu'on permettra en France de comparer des idées à des roses ? Dans ce cas, je dirais que tous les rossignols seront enivrés et enflammés

---

1. Lettre inédite.
2. Dans le premier article de Nisard.
3. Sur Luther.

de vos idées. Elles sont vastes et généreuses. Vous êtes le vrai historien, car vous êtes en même temps philosophe et grand artiste. Vous êtes un Hérodote qui n'est pas crédule. Vous êtes un Tacite qui ne désespère pas. Vous avez toute la critique du passé et toute la croyance de l'avenir. Vous croyez au progrès et à la Providence. Nous nous rencontrons dans cette croyance. Je ne dissimule pas que je suis assez vaniteux pour me croire moi-même un homme providentiel.

Je n'ose pas parler de votre style, moi qui vous écris dans un jargon allemand. Votre dévoué

Henri HEINE.

Une autre lettre, venue aussi d'un rationaliste demeuré fidèle aux idées du xviii° siècle, dut aller au cœur de Michelet, malgré les réserves dont étaient accompagnés les témoignages d'admiration et de sympathie. C'est celle que lui adressait le vieil historien Sismondi, celui que Michelet, dans une lettre à Quinet, appelait « notre père à tous », et dont la grande Histoire ne quittait jamais sa table de travail :

Chênes, par Genève, 17 janvier 1834.

Monsieur,

Quelques jours après la lettre si flatteuse que vous avez eu la bonté de m'écrire le 2 janvier, j'ai reçu le présent qu'elle m'annonçait. Je voulais le bien connaître avant de vous en témoigner ma reconnaissance et mes yeux fatigués rendent l'entreprise un peu longue. Je n'ai pas fini vos deux volumes, mais j'en ai lu assez pour être frappé d'étonnement et d'admiration. Sur ce même terrain que j'ai tant parcouru, vous me faites à chaque page faire de nouvelles découvertes. J'en éprouve une sorte d'effroi, comme si vous me révéliez ce qui était inaperçu sous mes pieds, d'effroi encore parce que je me refuse à cette fatalité de race et de localité[1] qui dominerait l'existence humaine et détruirait son libre arbitre, et que vous me présentez sans cesse une coïncidence qui m'ébranle, une personnalité dans les peuples qui fait disparaître celle des individus. Je n'ai pas besoin de vous dire que je suis protestant et rationaliste, en sorte que l'avidité de foi, qui vous fait adopter avec d'autant plus d'ardeur, d'autant plus d'émotion une croyance qu'elle est plus mystique, est une disposition

---

1. Michelet, en répondant à Sismondi (malheureusement ses lettres à Sismondi n'ont pas été conservées), dut protester contre cette accusation de fatalisme, lui qui faisait de la lutte de la liberté humaine contre les fatalités de la nature le centre de toute sa philosophie de l'histoire. On verra plus loin que le *Semeur* louait Michelet de donner une si grande place à la liberté humaine

toute contraire à celle avec laquelle j'ai considéré les mêmes faits ;
ce contraste rend votre exposition d'autant plus frappante, d'autant
plus nouvelle pour moi ; elle m'ouvre tout un point de vue nouveau,
philosophique et poétique en même temps. Qu'elle me convertisse,
c'est autre chose ; de telles opinions sont trop profondes dans l'âme
pour qu'on les change, mais il me semble qu'en marchant dans deux
directions si différentes, pour faire le tour des mêmes objets, nous
les aurons bien mieux reconnus, et je sens combien le public doit
gagner à la lecture de votre *Histoire de France,* par une appréciation
bien vive, bien profonde de tout ce que j'y gagne moi-même. Ayant
à peine commencé le second volume, j'éprouve déjà une vive curio-
sité de voir le troisième, auquel vous renvoyez si souvent.

Recevez l'expression de ma vive reconnaissance comme de ma
haute considération.

J.-Ch.-S. DE SISMONDI.

La sincérité grave du huguenot genevois dut toucher Michelet
beaucoup plus que le billet où Chateaubriand laissait tomber de
très haut ses remerciements :

Paris, 23 décembre 1833.

J'ai reçu, Monsieur, le beau présent dont vous avez bien voulu
m'honorer ; l'homme de talent qui a fait renaître Vico ne peut avoir
manqué de jeter un nouveau jour sur l'histoire de France. Je l'ai
étudiée pendant quarante ans, cette histoire, et j'ai toujours pensé
qu'elle était à refaire, surtout depuis que l'ancienne monarchie est
tombée. On connaît le monument à ses ruines ; j'applaudis sincère-
ment à vos succès, Monsieur, et je vais m'instruire à la lecture de
votre nouvel ouvrage.

Agréez, je vous prie, mes remerciements empressés et l'assurance
de la considération la plus distinguée avec laquelle j'ai l'honneur
d'être, Monsieur, votre très humble et très obéissant serviteur,

CHATEAUBRIAND.

Les écrivains catholiques, tout en déplorant que Michelet ne
fût pas un véritable croyant et ne vît dans le catholicisme du
moyen âge qu'une étape vers des formes religieuses plus pures,
parlaient de lui avec sympathie comme d'un homme qui avait été
des leurs et que son admiration pour l'Église devait ramener dans
le sanctuaire. Foisset écrivait dans la *Revue européenne*
(XXXIIe livr., 1834) :

J'aime M. Michelet parce que c'est un homme de notre âge, un
homme qui a cheminé solitaire, en dehors des coteries et des prô-

neurs, cloitré dans ses études. Je l'aime parce qu'il a des envieux hors
de nos rangs. Je l'aime encore parce que, malgré de graves imperfec-
tions, son *Histoire de France* enterre définitivement l'*Histoire des
Français*, cette lourde, sèche et partiale compilation écrite en genevois
par M. de Sismondi. Qu'a-t-il donc manqué à M. Michelet pour remplir tout le mérite qui est en lui, pour que, dès aujourd'hui, l'histoire
de France ne fût plus à faire? Deux choses : d'être moins impatient
de la gloire et d'être entièrement, intimement, véritablement chrétien.

L'abbé Douhaire, dans l'*Univers* du 6 janvier, tout en expri-
mant les mêmes regrets, donnait une entière adhésion aux pages
de Michelet sur l'art gothique. Il louait sa vaste capacité intel-
lectuelle, son étonnante acuité d'esprit, sa raison indépendante et
ferme, son âme ardente et sympathique, sa générosité de cœur.
Il trouvait en lui un amour ineffable pour l'Évangile et lui ten-
dait la main, espérant qu'il rentrerait bientôt dans la famille
chrétienne.

L'*Avenir* de Lamennais ne parlait de Michelet qu'avec la plus
vive sympathie, et Montalembert, qui avait été l'élève de Michelet à Sainte-Barbe et que Michelet avait traité en ami, lui écrivait, à propos de ses deux premiers volumes, la lettre suivante[1] :

> Monsieur et Ami,
>
> Mon absence de Paris a été cause que je n'ai reçu qu'après un long
> délai le précieux cadeau que vous avez bien voulu me faire de vos
> deux derniers volumes sur l'histoire de France. Je ne sais en vérité
> ce qui me mérite de votre part une bonté si constante et si aimable;
> je n'en suis digne que par ma profonde sympathie et une vive admi-
> ration pour la révolution que vous opérez dans les études et les
> idées historiques de la France. Je ne puis résister au besoin de vous
> remercier de ces deux volumes. Je ne vous en ferais pas l'éloge; que
> peut-on dire sur des livres qui commencent par vous donner la fièvre
> et puis qui vous laissent dans l'épuisement et dans le découragement,
> tant on est stupéfait par cette colossale érudition jointe à une verve
> si abondante, tant on désespère de pouvoir même glaner après une
> si riche moisson? C'est là du moins l'effet que vos ouvrages font
> sur moi.
>
> Vous savez assez quels dissentiments nous séparent. Vous savez

1. Cette lettre est datée de Villersexel (Haute-Saône), le 4 novembre 1837.
En 1834, au moment où Michelet avait envoyé à Montalembert ses volumes,
celui-ci se trouvait en Allemagne, et au plus fort des troubles où l'affaire de
l'*Avenir* l'avait jeté. De là le retard apporté à ses remerciements.

qu'en détestant de tout mon cœur cet ancien régime que préconise
le parti de la contre-révolution, j'aime d'amour ce vieux monde
catholique dont vous racontez si éloquemment la chute en 1300;
vous savez que là où vous ne voyez qu'une forme belle et séduisante de
la jeunesse des peuples, je vois la forme éternelle de la vérité. Mais
ces dissentiments mêmes me font d'autant mieux apprécier le cou-
rage et l'impartialité avec laquelle vous appréciez les grands hommes
et les grandes choses du catholicisme. Croyez bien que beaucoup de
catholiques pensent comme moi : ne nous jugez pas tous d'après les
critiques ou le silence de certains journaux, qui ne conçoivent pas
comment on peut parler de l'Église ou de la France de saint Louis
sans y accoler un vœu pour le duc de Bordeaux.

De son côté, le plus remarquable des journaux protestants
d'alors, le *Semeur*, où Alexandre Vinet était chargé de la critique littéraire, et qui joua un rôle important dans le mouvement
intellectuel du règne de Louis-Philippe, consacrait à Michelet
deux articles très sympathiques les 4 et 11 juin 1834. Le *Semeur*
était surtout frappé de l'élévation de son sens moral, de la place
qu'il faisait dans l'histoire à la Providence et à la liberté humaine,
dans un temps où la tendance générale était sceptique et fataliste;
il le louait de faire une place à l'intuition et à la poésie dans sa
méthode historique, « car, sans poésie, on ne peut être exact », et
il donnait en particulier du style de Michelet une caractéristique
qui mérite d'être citée, car le *Semeur* me paraît avoir été seul
alors à se rendre pleinement compte de la beauté et de la nouveauté d'un style que Nisard, bon juge pourtant, confondait avec
celui de Chateaubriand.

« Ce style est inusité en histoire. Ce n'est pas le style du genre,
mais qu'importe si c'est le style du sujet, le style de la pensée de
l'historien. Aucune disconvenance ne s'y fait sentir. J'ai déjà dit
combien la langue de M. Michelet est riche d'images; il faut
ajouter qu'elles sont toujours naturelles parce que l'âme à con-
couru pour la plus grande part à leur invention; elles ne s'ap-
pliquent pas du dehors à l'idée, elles paraissent sortir de l'idée
même, et l'on ne songe plus à la distinction du style propre et du
style figuré, tant ce style figuré semble le style propre, l'expression la plus prochaine des idées qu'il décore. Un mouvement vif,
sans brusquerie, et dans la coupe des phrases quelque chose de
svelte et de fort, un caractère habituel de *prima intenzione*, de
désinvolture, porte le lecteur de phrase en phrase et de page en

page, sans effort ni fatigue, et il n'y a pas d'ouvrage d'agrément qui se fasse lire aussi facilement que cet ouvrage si sérieux et si fort. »

Naturellement, les élèves et les amis de Michelet éclataient en cris d'admiration et retrouvaient devant ces pages inspirées l'enthousiasme dont ils avaient été saisis en écoutant ses conversations et ses leçons. Toutefois, plusieurs étaient un peu effarouchés de l'excès de son lyrisme et trouvaient, comme Nisard, dans son ouvrage du désordre, des disproportions et des lacunes, reproche injuste d'ailleurs, si l'on considère que la méthode même suivie par Michelet est de choisir dans l'histoire les faits essentiels et caractéristiques, de les faire connaître d'une manière aussi complète, détaillée et vivante que possible, en laissant de côté tout ce qui est insignifiant et secondaire.

Xavier Marmier, dans la *Revue des Deux-Mondes*, loue Michelet d'avoir compris que l'histoire doit s'appuyer sur la poésie et la philosophie. Il admire cette histoire qui est « une croisade en faveur de la France », « cette histoire au regard d'aigle, à la voix prophétique, qui se lève de toute sa hauteur au milieu des nations et leur déroule solennellement les choses du passé, les leçons de l'avenir. » Mais il lui reproche une surabondance de chaleur et de vie :

Il monte un cheval fougueux comme celui de Mazeppa et ce cheval l'emporte à travers les torrents et les plaines, hors du regard de ceux qui cherchent à le suivre. A le voir parfois venir à nous avec des paroles symboliques, on le dirait, comme la sibylle, tout plein du dieu qu'il a consulté, tout enivré des grandes choses qu'il a vues. En abaissant son vol ..., M. Michelet nous donnerait une œuvre plus calme, plus reposée, plus conforme peut-être aux besoins de la majorité des lecteurs.

Léon Faucher, qui était alors l'intime ami de Michelet, consacra, dans le *Constitutionnel* du 13 janvier, un article enthousiaste à l'*Histoire de France*, ce livre « où chaque détail est une idée, et qui a quelque chose de la hauteur et de l'étendue des cathédrales, où chaque fait porte avec lui son explication, est comme une enveloppe cristallisée qui laisse voir le principe, qui n'est pas seulement naïveté, drame et critique, mais la vie même et la pensée des races qui ont péri, monument de style autant que de science ». Pourtant Faucher y trouve quelque confusion dans les matériaux et prétend que les grandes lignes de l'édifice échappent.

Antoine de Latour, que Michelet avait eu pour élève à l'École normale en 1827, quand elle ne portait encore que le titre d'École préparatoire, défendait son maître contre ce reproche dans deux brillants articles du *Journal des Débats*. Après une esquisse des travaux antérieurs de Michelet, il donne de l'*Histoire de France* une analyse intelligente et fidèle qui en atténue les exagérations et en fait admirablement ressortir la solide ordonnance. Pour Latour, le livre de Michelet est l'avènement d'une méthode, la vraie méthode de notre âge, aspirant à tout comprendre et à tout embrasser, la méthode d'une école nouvelle qui réunit les avantages de l'école philosophique et de l'école pittoresque, l'*École symbolique* « qui élève le double point de vue des deux autres écoles à une hauteur scientifique, court d'abord à l'idée qu'enferme chaque fait, mais lui laisse sa date et respecte dans le fait et sa représentation extérieure et sa valeur contemporaine. »

En 1835, Latour publiait un *Essai sur l'étude de l'histoire de France au XIXe siècle,* apologie de l'École symbolique qui a Vico pour législateur, Quinet pour poète et Michelet pour historien, qui doit triompher en littérature comme en histoire, qui seule ne sacrifie ni l'individu à l'espèce ni l'espèce à l'individu et voit dans chaque histoire particulière une image de l'histoire du genre humain. Latour justifie jusqu'au subjectivisme de Michelet « qui se place au centre du monde pour mieux en percer les avenues » et qui « se voit dans le monde pêle-mêle avec tous ceux qui travaillent et voudraient voir la semence germer du sillon ».

De tous côtés, les témoignages d'admiration arrivèrent à Michelet. C'était l'érudit Benjamin Guérard qui lui écrivait que « chaque partie de son magnifique ouvrage était traitée de main de maître » ; c'était le grand jurisconsulte Gans qui lui disait dans une lettre du 12 juin, qu'il ne peut se rassasier de tout ce que son histoire contient de bon, d'ingénieux, de grand et de neuf ; c'était l'archéologue Didron, qui s'extasiait devant « les formes si neuves et si belles » du monument élevé par Michelet, et n'en regrettait que « l'exiguïté ; Michelet ne donnant qu'une chapelle là où il fallait une cathédrale » ; c'était le philologue Francisque Michel qui le comparait « à un aigle qui, après avoir solidement construit son aire des meilleurs matériaux et en avoir solidement assemblé toutes les parties, l'élève à une hauteur encore plus grande que ses pareils n'ont coutume de le faire » ; c'était l'acariâtre critique Gustave Planche qui le félicitait d'avoir trouvé place dans son livre pour les principes les plus austères de la philosophie comme pour les élans les plus magnifiques de la poésie » ; c'était le généreux François de Corcelles qui allait jusqu'à le louer de son fanatisme, d'être « du nombre de ces sublimes énergumènes restés fidèles à la science, à la cause du véritable progrès de l'humanité » ; c'était le saint-simonien Gustave d'Eichthal qui lui envoyait le 11 novembre 1837 une adhésion complète à toutes ses idées :

Je viens de terminer, Monsieur et ami, le second volume de votre Bible. Vous avez dit que le Christ s'était continué dans l'humanité. Votre histoire répond à ce point de vue. Que dire de plus?... Je vois l'histoire se développer dans votre épopée telle qu'elle doit être pour correspondre à l'avenir tel que je le pressens. Je ne sache pas un seul fait, un seul homme sur lequel je ne partage votre sentiment, et une foule de circonstances et d'événements qui avaient été jusqu'ici passés sous silence et que vous avez mis en lumière m'ont rempli de surprise et d'admiration.

Enfin, Dargaud, l'ami de Lamartine, dont Michelet avait encouragé les débuts littéraires à Paris, ne se contente pas de le louer, il lui conseille de dédaigner toutes les critiques. Il lui écrit de Paray-le-Monial, le 15 février 1834 :

Je viens de lire votre belle *Histoire de France* et je vais la relire encore. Avec quel ravissement, vous ne sauriez l'imaginer. Vous réunissez vraiment bien des mérites. A côté de l'idéal le plus pur et le plus abstrait, quelle réalité vivante ! Quelles profondes intuitions ! Que de dissertations sagaces ! Que de détails pittoresques ! Que de récits entraînants ! Quelle large manière et quel style mouvant ! Quel mélange heureux d'esprit, de science et de poésie ! L'histoire de France vous convenait entre toutes les histoires. Vous êtes né exprès pour l'écrire. J'ai vu dans les journaux plusieurs jugements sur vous et sur votre livre. On vous place haut et l'on vous rend une éclatante justice. Mais on vous donne aussi des conseils. Or, je veux aussi vous en donner un, moi, un seul, c'est de n'en suivre aucun. Je vous parle très sérieusement, cher ami. On dirait à les entendre, ces critiques, qu'une œuvre littéraire est une chose artificielle qu'on façonne à la main, comme un meuble. Ils ne savent pas, voyez-vous, qu'un livre, un vrai livre, c'est un homme. Votre histoire, c'est vous-même. Gardez-vous de vous corriger, je vous en supplie, c'est-à-dire de vous mutiler, c'est-à-dire de perdre une partie de votre âme, de votre talent et de tous les dons qui sont en vous. J'aime vos défauts et vos qualités. Je vous veux tout entier. Ne disent-ils pas à Chateaubriand d'être moins éblouissant, à Lamartine d'être moins monotone, à Quinet d'être moins oriental? Il n'y a qu'une réponse à faire : je suis ce que je suis. Mon Dieu, que c'est une chose vaine que la critique! Dites donc, mon cher ami, dites hardiment, comme Luther : Meure la loi! Vive la grâce! c'est-à-dire : Meure la critique! Vive l'inspiration!

Michelet n'était que trop disposé à bien accueillir tous les éloges et à voir dans les critiques un parti pris de malveillance; mais il avait trop de lucidité d'esprit et un trop haut souci de son art pour ne pas comprendre ce qu'il y avait de vrai dans certains reproches. Aussi renonça-t-il au plan trop restreint à la fois et trop ambitieux qu'il avait conçu; il se décida à consacrer quatre volumes à l'achèvement de sa seule histoire du moyen âge. Il se mit courageusement à son troisième volume qui ne comporte qu'une période d'un siècle, de la mort de saint Louis à celle de Charles V. Un seul siècle, de la mort de Charles V à celle de Louis XI, devait occuper trois autres volumes. Ce troisième volume, qui racontait l'histoire de Philippe le Bel et des premiers Valois, d'une période où l'ordre religieux est subordonné à l'ordre civil, où une époque de prose succède à une époque de poésie, est écrit d'un ton beaucoup plus sobre et plus sévère; le récit, au lieu de se concentrer sur quelques épisodes symboliques, vise à être un exposé complet des faits montrés dans leur enchaînement et leur complexité.

Cette supériorité éclatante du IIIe volume n'eut pas pour résultat de désarmer les adversaires de Michelet. Ils se montrèrent plus sévères pour ce volume que pour les précédents, non pas qu'il prêtât davantage le flanc à la critique, mais sa jeune réputation, qui lui faisait obtenir presque simultanément en 1838 une chaire au Collège de France et un fauteuil à l'Académie des sciences morales et politiques, lui suscitait une foule d'envieux.

Toutefois, les articles sévères qui furent publiés alors ne mériteraient pas qu'on s'y arrête si, parmi eux, il ne s'en trouvait un qui tranche par la force de la pensée et du style sur tout ce qui avait été écrit jusqu'alors au sujet de l'*Histoire de France* de Michelet, qui, pour la première fois, expose les vrais reproches qu'on pouvait adresser à sa méthode et à ses procédés d'historien, et qui met en regard de ses audacieuses généralisations les sévères exigences de l'érudition. On avait adressé à Michelet des critiques qui n'allaient pas au fond des questions. On avait trouvé son style trop brillant ou trop lyrique; on lui avait reproché de manquer parfois de clarté et de proportion dans la disposition des matières; personne n'avait songé à lui faire sentir les périls et les incertitudes qu'offre toute synthèse historique et l'impossibilité absolue où l'on était alors de formuler des idées générales sur le développement de notre histoire au moyen âge, en l'absence des travaux d'érudition préparatoires nécessaires. Le jeune journaliste inconnu, qui sut le premier, dès 1837, parler de l'*Histoire de France* de Michelet comme pourrait le faire un savant de nos jours et qui devançait ainsi de bien des années les idées de son temps en matière de critique et de synthèse historiques était Alphonse Peyrat. Il consacra, dans la *Presse* du 8 octobre, un long article à l'*Histoire de France* de Michelet. S'il fallait en croire le titre de l'article, il avait pour objet de rendre compte du troisième volume. En fait, il ne parlait guère que des deux premiers, et il devait être suivi de deux autres articles, qui ne parurent jamais. Nous croyons rendre service aux lettres et à l'histoire en réimprimant intégralement ce premier article de critique d'Alphonse Peyrat, qui n'a pas été recueilli par lui dans ses volumes d'Essais historiques :

VARIÉTÉS. — *Histoire de France*, par M. MICHELET, professeur à l'École normale (IIIᵉ volume, 1ᵉʳ article).

On n'est pas assez convaincu généralement de l'impossibilité absolue qu'il y a d'écrire une histoire générale. La raison de cette impossibilité est cependant bien simple; en histoire, tout se réduit à quatre ou cinq grandes questions, lesquelles résument exactement tout ce qui se rattache à l'origine du monde moderne, aux divers établissements des peuples de l'Occident, depuis le commencement de notre ère. Par exemple, le fait le plus général et en même temps le mieux établi qui se rencontre à la naissance de l'histoire, c'est l'existence simultanée de la noblesse et de l'esclavage. Ces deux faits sont même d'abord si parfaitement homogènes que la noblesse ne se distingue pas par un nom spécial, l'esclave n'ayant pas encore d'existence qui lui soit propre. Lorsque plus tard, pour diverses causes, dont la principale fut la générosité des maîtres, les esclaves se trouvèrent affranchis, un fait nouveau se produisit qui acheva de rompre l'unité jusqu'alors absolue des nations et qui créa dans la société deux idées différentes et hostiles,

d'où devaient naître plus tard de cruels déchirements, des guerres san-
glantes, d'affreuses révolutions; ce fait nouveau, c'est la naissance du
peuple, la formation des communes, lequel n'est à vrai dire que la con-
séquence logique de l'affranchissement primitif des esclaves. A ces deux
questions importantes, qu'il est indispensable de bien connaître
d'abord, puisqu'elles se trouvent au début de toutes choses et qu'elles
sont comme la clé de voûte de l'histoire, viennent se rattacher un certain nombre de points secondaires qui en découlent et dont la connaissance est nécessaire aussi pour arriver à comprendre le mouvement
d'idées et d'institutions que l'on remarque à chaque siècle à mesure que
l'on avance vers les temps les plus rapprochés de nous. Nous nous con-
tenterons d'indiquer ici l'institution des coutumes et des justices seigneuriales; on voit par conséquent que, pour bien répondre à son titre,
un livre sur l'histoire moderne devrait être la généralisation de toutes
les idées mères que nous venons d'indiquer, l'ensemble critique de tous
les faits isolés, quelque chose enfin qui ressemblât à une espèce de
carte générale de l'histoire. Malheureusement, on est forcé d'avancer
qu'il n'est peut-être aucune de ces questions importantes qui ait été
encore suffisamment étudiée par les hommes qui se sont mêlés d'écrire
l'histoire, et qu'essayer de la refaire après eux sans de nouveaux travaux
préparatoires ne serait pas une chose plus raisonnable que d'entreprendre la carte géographique d'un pays dont on ne connaîtrait pas
bien les localités, s'exposant ainsi à mettre un fleuve à la place d'une
montagne et à placer une grande ville au milieu d'un désert. Pour
éviter de pareilles méprises, il n'y plus aujourd'hui qu'une chose à faire :
c'est de reprendre au commencement les études historiques, d'étudier
à part chaque point important et d'en faire la monographie. Pour un
pareil travail, les matériaux ne manquent pas assurément, mais ce n'est
pas dans les historiens modernes qu'il les faut aller chercher. Dans
quel livre par exemple trouverait-on une explication satisfaisante sur
l'importance historique de la noblesse et sur ses fonctions dans l'histoire de l'Occident? Évidemment, un pareil livre n'existe pas... Quel
historien s'est fait un système sérieux, réfléchi, inattaquable sur l'esclavage et sur la formation des communes? Évidemment aucun... Qui sait
bien aujourd'hui tout ce qui se rattache à l'institution des coutumes et
des justices seigneuriales? Évidemment personne...

Voilà donc cinq questions capitales, et sur lesquelles, on peut
l'affirmer hardiment, il n'y a personne qui soit encore en position
d'exprimer une idée précise, complète, définitive. On comprend alors
quelle imprudence ce serait aux hommes qui s'occupent d'études
sérieuses d'entreprendre d'écrire une histoire générale quelconque
avant qu'on soit arrivé à avoir le sens bien clair et bien précis de tous
ces différents problèmes, avant qu'on ait le mot de toutes ces espèces
d'énigmes historiques. Après avoir employé dix et vingt ans de leur
vie à un travail qui serait défectueux pour avoir voulu être trop général, il arriverait qu'un homme sachant bien un coin particulier de l'his-

toire, ayant fait pour ainsi dire le tour d'une question isolée, en ferait la monographie ; alors, si cette monographie venait à contredire, ce qui serait infaillible, quelque point important de leurs théories générales, leur histoire serait ruinée par la base et n'aurait pas d'autre valeur que celle d'une compilation chronologique.

A côté des questions que nous venons d'indiquer, lesquelles sont, en général, ou ignorées ou mal comprises, se trouve une question plus grande, plus générale et peut-être encore plus ignorée, nous voulons parler du christianisme. Il y a dans le christianisme, considéré du point de vue de l'histoire, un caractère d'universalité dont on est frappé, surtout quand on essaie d'en bien comprendre les détails. C'est au christianisme que les peuples modernes doivent leurs lois, leurs institutions, leurs idées, leur morale. Hommes et choses, tout vient de lui, il est la fin et le commencement de tout ; il est comme la charpente osseuse de tout le grand corps occidental qu'il a traversé dans tous les sens : or, le christianisme n'a pas encore son historien. Nous avons bien quelque chose sur la hiérarchie sacerdotale, sur la constitution intérieure de l'église, mais ce n'est pas là tout le christianisme. Comme l'a très bien expliqué M. Guizot, il se compose de deux classes de personnes, la société ecclésiastique et la société religieuse. Pour la société ecclésiastique, nous avons les conciles, les décrétales, le droit canon ; quant à ce qui se rapporte à la société religieuse, c'est-à-dire aux fidèles, personne, que nous sachions, ne s'en est encore occupé sérieusement. Il reste donc à considérer le christianisme dans ses rapports avec la philosophie, avec les arts, avec le droit civil, avec l'organisation politique des sociétés, avec la constitution intérieure de la famille. On comprend qu'un pareil travail n'est pas encore au pouvoir d'un seul homme. Pour le bien traiter, en effet, il faudrait posséder parfaitement les idées les plus élevées d'art et de philosophie, avoir acquis à fond toutes les connaissances qui se rattachent à la morale et à l'économie sociale, c'est-à-dire qu'il faudrait être à la fois philosophe, artiste, homme d'état, et ainsi résumer en soi tout ce que Dieu a donné à l'homme de facultés éminentes ; c'est-à-dire qu'il faut renoncer à une pareille entreprise jusqu'au moment où, après de grands travaux de détail, les points les plus importants se trouvant élucidés et les questions les plus capitales convenablement résolues, un homme s'édifiant de toutes ces monographies différentes pourra arriver à créer un ensemble satisfaisant par la combinaison de toutes ces idées, auxquelles il donnera leur véritable signification en les mettant à leur place.

Cela posé et cette vérité étant bien établie, s'il arrive qu'un écrivain publie un ouvrage dont le titre puisse être une indication qu'il a cru nous donner une histoire générale quelconque, il est évident qu'il fait lui-même une critique sévère de son livre et qu'il n'est pas besoin de le lire pour savoir d'avance qu'il est nécessairement incomplet. C'est, à notre avis, ce que vient de faire M. Michelet en publiant son *Histoire de France*.

M. Michelet est assurément un homme d'un esprit très distingué, un travailleur infatigable, un auteur très consciencieux. Il aime l'histoire avec une sorte de passion qui le fait s'identifier avec son sujet et l'animer de ses propres impressions. Aussi est-il incontestable que M. Michelet serait un excellent historien s'il suffisait pour cela d'une intelligence remarquable et d'une brillante imagination. Malheureusement, ces grandes qualités toutes seules ne pouvaient pas être d'un bien grand secours contre les difficultés que nous avons indiquées et dont il se pourrait peut-être que M. Michelet n'eût pas parfaitement mesuré toute la portée. Nous sommes loin assurément de lui reprocher ce qu'il peut y avoir dans son livre d'aperçus erronés ou incomplets, d'explications quelquefois un peu puériles, de synthèses que rien ne justifie. Tous ces défauts, nous les trouvons naturels, logiques, forcés ; il y a eu lutte entre les difficultés invincibles du sujet et l'écrivain, et l'écrivain a eu nécessairement le dessous. Si c'est là la condamnation de son livre, c'est aussi la justification de M. Michelet.

Ainsi, nous disions que l'histoire du christianisme n'étant pas encore faite, il fallait se résigner à voir traiter imparfaitement toutes les questions qui s'y pouvaient rattacher. Un passage du second volume de l'*Histoire de France* nous semble donner à cette opinion la force d'une vérité incontestable. M. Michelet, ayant à parler du culte de la sainte Vierge, le fait commencer seulement au xiie siècle :

« Alors, dit-il, la grâce prévalut sur la loi ; il se fit insensiblement une grande révolution religieuse. Dieu changea de sexe pour ainsi dire, la Vierge devint le Dieu du monde ; elle envahit presque tous les temples et tous les autels. La piété se tourna en galanterie chevaleresque. La mère de Dieu fut proclamée pure et sans tache. L'église mystique de Lyon célébra la fête de l'Immaculée-Conception (1134). »

Il y a là tout simplement un anachronisme d'au moins 900 ans. Le concile de Capoue, assemblé au mois de décembre 391, condamna comme hérétique Bonose, évêque de Naïsse en Macédoine, lequel était accusé de nier la perpétuelle virginité de Marie. Et, chose remarquable, dans les considérants qui motivèrent la condamnation, le concile, ayant établi la vieille et constante dévotion des fidèles pour la mère du Christ, cite un passage de l'histoire de Capoue par Léander et Carrafa où il est parlé de la destruction de Capoue-la-Vieille, dont il ne restait plus qu'un temple consacré à la Vierge, la seule chose qui fût encore debout au milieu des ruines de l'ancienne ville. Or, Léander et Carrafa ont écrit leur histoire en 380. A cette époque, Capoue-la-Vieille était détruite depuis longtemps, et l'on ne savait déjà plus la date de construction du temple dont parlent les deux historiens. On voit donc que le culte de la Vierge était déjà une chose fort ancienne à l'époque où M. Michelet a cru devoir en signaler l'avènement et que l'erreur qu'il a commise n'est pas de moins de neuf à dix siècles.

Malheureusement, il arrive qu'on trouve dans les livres de M. Michelet plusieurs erreurs de même nature ; cela tient peut-être à la tournure

particulière de son esprit, plus encore qu'à la direction généralement
défectueuse des études historiques. M. Michelet s'est fait une manière
à lui de juger les faits, d'expliquer les événements, laquelle peut être
bonne, nous n'avons nulle envie de le contester, mais laquelle a le
grand défaut de s'appliquer aux faits les plus simples de l'histoire,
comme une façon de *compelle intrare* qui les travestit étrangement et
les rend souvent méconnaissables. Suivant M. Michelet, tout s'expli-
querait dans ce monde par la lutte continuelle de la volonté libre de
l'homme et de la fatalité. Unité et dualité, voilà, suivant lui, le cercle
dans lequel tourne l'humanité, la synthèse qui explique l'histoire et
qui l'éclaire. Mon Dieu, tout cela est bien possible; mais, en vérité,
même en admettant cette théorie, bien entendu après qu'on aurait
réussi à s'en rendre compte, il ne nous paraît pas qu'elle dût être
d'un bien grand secours ni d'une bien grande utilité pratique.

Avant d'arriver à cette grande sphère de la volonté et de la fatalité,
les faits se passent dans une série de petites sphères concentriques où
il est bien plus aisé de les saisir, bien plus simple de les examiner,
bien plus facile de les comprendre. Avant de se perdre dans cette
synthèse universelle de l'unité et de la dualité, les événements se
résument dans de certaines synthèses plus claires, moins générales,
moins problématiques, surtout moins prétentieuses, et par conséquent
moins fatigantes. Avec cette disposition à quintessencier les événements
pour leur trouver une espèce de sens particulier, il arrive souvent que
M. Michelet se donne une peine infinie pour substituer une explication
excentrique à l'explication toute simple et toute naïve qui ressort naturellement des faits.

Par exemple, M. Michelet nous dit que Philippe le Bel permit aux
nobles, en 1287, de poursuivre les serfs fugitifs dans les villes. Et il
ajoute : « Peut-être en effet était-il besoin de ralentir ce grand mouvement du peuple vers les villes, d'empêcher la désertion des campagnes.
Les villes auraient tout absorbé, la terre serait restée déserte, comme il
arriva dans l'empire romain. » Nous ferons observer d'abord qu'il n'est
pas probable que Philippe le Bel se soit jamais avisé de donner à qui que
ce soit la permission de poursuivre les serfs dans les villes. Il savait trop
bien que, dans certains cas, la permission eût été surabondante, et parfaitement inutile dans une foule d'autres. Ainsi, s'il était arrivé qu'un serf
fugitif se réfugiât dans une ville qui eût le privilège d'asile, à Toulouse
par exemple, le roi aurait pu permettre la poursuite, même ordonner la
restitution, qu'on n'eût tenu aucun compte de sa volonté. Quant aux villes
qui n'avaient pas le même privilège, comme Paris, pour y reprendre leur
bien, les seigneurs n'avaient besoin d'aucune autorisation préalable.
Ensuite nous prions M. Michelet de vouloir bien remarquer que si les
seigneurs essayaient d'arrêter la désertion des campagnes, ce n'était
pas précisément par sollicitude pour l'agriculture, encore moins par
une arrière-pensée coupable contre la liberté du genre humain. Il y
avait à cela une raison plus simple et surtout plus naturelle. Les serfs

étaient la propriété, la chose des seigneurs; par conséquent un serf qui
se réfugiait dans une ville, c'était une somme d'argent qui tombait de
la bourse du maître, et celui-ci retirait sa propriété, comme nous fer-
merions la porte sur un cheval qui voudrait prendre la clé des champs.

Les inconvénients attachés au procédé historique de M. Michelet
deviennent d'autant plus frappants à mesure que le sujet auquel il est
appliqué acquiert de l'importance, et nous avons quelquefois à relever
des singularités qui seraient inexplicables si nous ne savions pas à
quelles surprises doit nécessairement être exposée sa raison, par ce
besoin de tout généraliser, de tout ramener à sa synthèse favorite.

Vers le milieu du xiie siècle, l'Europe chrétienne se trouva un moment
en grande perplexité, par suite de l'importante discussion qui s'éleva
entre Henri II et l'archevêque de Cantorbéry. Le pape, le roi d'Angleterre, l'empereur, toutes les églises prirent part au différend. L'histoire
de cette longue lutte est bien connue; mais ce qui l'est peu, c'est la
cause de l'inébranlable ténacité de Thomas Becket; il se portait comme
défenseur des libertés de l'église contre les envahissements du pouvoir
temporel, et, malgré le timide assentiment du pape au concile de Sens,
il se vit délaissé tour à tour par le Saint-Siège, par tous les prélats
anglais, par les moines de Cîteaux et même, à la fin, froidement sou-
tenu par le roi de France. Pour se venger de Thomas, Henri II s'était
enfin décidé à s'abaisser devant le faible Louis VII; il avait si bien
employé à l'égard du pape la menace et la soumission, il avait su tirer
un si grand parti des embarras où était tombé le Saint-Siège, par sa
lutte contre l'antipape et contre Frédéric Barberousse, qu'enfin il avait
fait une solitude complète autour de son mortel ennemi. Mais la réso-
lution de Becket semblait se raffermir à mesure que sa misère devenait
plus grande, que son abandon était plus complet. C'est alors qu'il écri-
vit au pape et aux cardinaux ces lettres admirables, pleines de reproches
amers et d'une fermeté mélancolique qui leur donnait plus de force et
plus de charme.

« Comment, dit-il au pape, dissimulez-vous l'injure que le Christ
endure en moi, en vous-même qui devez tenir ici-bas la place du
Christ? Le roi d'Angleterre a envahi les biens ecclésiastiques, renversé
les libertés de l'Église, porté la main sur les oints du Seigneur, les
emprisonnant, les mutilant, leur arrachant les yeux... Et l'on veut, au
milieu de tels outrages, que nous nous taisions! Ils se taisent, ils se
tairont les mercenaires; mais quiconque est un vrai pasteur de l'Église
se joindra à nous... » Et plus loin : « Je ne sais comment il se fait que
devant cette cour (la cour de Rome) ce soit toujours le parti de Dieu
qu'on immole, de sorte que Barrabas se sauve et que Christ soit mis
à mort... Nous serons bientôt, vous et moi, très Saint-Père, devant le
tribunal du Christ. C'est au nom de sa majesté et de son jugement for-
midable que je vous demande justice contre ceux qui veulent le tuer
une seconde fois. »

Voilà certes un spectacle étrange s'il en fut jamais! Un évêque défendant l'Église contre le roi et contre le pape et en appelant à Dieu de l'abandon du Saint-Siège, et cet homme n'est pas un hérétique, car l'Église l'a canonisé après sa mort. Quel est donc le mot de cette énigme singulière? D'où vient donc qu'en une matière si importante le pape hésite et l'évêque est inébranlable? Apparemment que Thomas Becket devait alléguer de graves motifs pour justifier son invincible résistance, et sans doute qu'à l'assemblée de Clarendon par exemple, quand tous les prélats se découvraient devant lui, quand les seigneurs n'attendaient de sa part qu'un mouvement d'impatience qui pût servir de prétexte à un assassinat, l'évêque de Cantorbéry devait donner des raisons bien péremptoires puisqu'elles soulevaient ainsi l'animosité de la cour et qu'elles pouvaient troubler dans sa gloire le prince le plus puissant de la chrétienté. Même ceux qui sont familiarisés avec le procédé historique de M. Michelet auraient quelque peine à deviner l'explication qu'il donne de cette guerre opiniâtre. Suivant lui, la cause de ce qu'il appelle la lutte de Thomas Becket pour la liberté se trouve dans cette « incurable dualité » du moyen âge, laquelle « a fait le tourment et la tristesse des plus grandes âmes, de Godefroi de Bouillon, de saint Louis, de Dante ». Il y voit une réaction des races vaincues contre les races victorieuses et il laisse entendre que si Th. Becket s'est insurgé contre le roi, c'est « parce qu'il était peuple par sa naissance basse et obscure, par sa mère sarrazine et son père saxon ».

Ou nous nous trompons fort, ou Henri II se fût très médiocrement préoccupé de la résistance de l'évêque de Cantorbéry, si elle n'eût pas été basée sur des raisons plus redoutables. Thomas Becket devait employer d'autres arguments pour réduire au silence les défenseurs des constitutions de Clarendon; et quand par exemple on lui demandait quelle objection il pouvait faire à l'article où il était statué que la garde de tout évêché vacant serait donnée au roi et que les revenus lui en seraient payés, il est impossible d'imaginer qu'il répondît, comme on pourrait être porté à le croire après avoir lu M. Michelet, qu'il était né d'une mère Sarrazine et d'un père Saxon. Et quand le roi demandait qu'aucun de ses tenanciers ne fût excommunié sans qu'on se fût adressé à lui ou, en son absence, au grand justicier, qu'aucun ecclésiastique ne passât la mer sans sa permission, et que les tenanciers fussent obligés au même service que les laïques, il est présumable que Th. Becket ne prétextait pas l'incurable dualité du moyen âge pour justifier sa courageuse opposition à l'esprit d'envahissement du pouvoir temporel. Un pareil mode d'argumentation eût paru très peu concluant à l'auditoire et n'eût valu probablement à Th. Becket qu'un très médiocre succès.

C'est qu'en effet il disait pour ses raisons des choses d'une autre valeur que l'explication officieuse et socialiste de M. Michelet. Et c'est ici surtout que nous avons besoin de répéter ce que nous avons dit, de l'impossibilité où s'est trouvé M. Michelet d'avoir le sens d'une foule de points importants, pour qu'on puisse comprendre comment il a pu arriver qu'un homme de cette force se soit ainsi fourvoyé en une matière aussi simple. M. Michelet sait aussi bien que personne assurément l'histoire des fausses décrétales. Eh bien! Ce sont tout simplement les fausses décrétales qui furent cause de la querelle. A l'époque où elles furent répandues en France par Riculfe, archevêque de Mayence, vers 810 environ[1], la maxime s'établit que les laïques ne pouvaient prendre aucune connaissance soit des affaires des clercs, soit de leurs mœurs; que la propriété et l'administration de ses biens appartenait exclusivement à l'Église et qu'elle ne devait compte qu'à elle-même de son organisation hiérarchique. Déjà, avant qu'on eût répandu les fausses décrétales, le concile de Chalcédoine avait établi qu'un clerc ne devait jamais paraître devant un juge laïque. Et avant le concile de Chalcédoine, celui de Carthage avait défendu aux évêques et aux clercs de jamais paraître devant de pareils tribunaux, *sous peine d'être déposés, si c'était en matière criminelle, et de perdre le bénéfice du jugement ou d'être déposés, si c'était en matière civile.* D'autres canons postérieurs défendent aux clercs de subir la juridiction laïque sans la permission de l'évêque. Cette doctrine alla toujours croissant, et en 866, le pape Nicolas Ier, dans ses Réponses aux Bulgares, leur défend de juger les clercs, et il appuie son injonction sur les fausses décrétales, comme on le voit dans Gratien. Le troisième concile de Latran excommunia les laïques qui voudraient juger les ecclésiastiques, et Innocent III décida *que les ecclésiastiques ne pouvaient renoncer à ce privilège, parce qu'il n'est pas personnel, mais de droit public, auquel les conventions des particuliers ne peuvent rien.*

Or, on sait, et M. Michelet le dit lui-même, que les constitutions de Clarendon n'étaient rien moins que la confiscation de l'Église au profit de Henri II. Thomas Becket protesta, s'appuyant principalement sur une fausse décrétale, laquelle, chose remarquable, citait à faux la novelle 82 de Justinien, « de Immunitate clericorum ». L'autorité était irrécusable, et Alexandre III au concile de Sens reconnut la légitimité de la résistance. Et si plus tard il parut abandonner Becket, ce fut pour des raisons qui n'avaient rien de commun avec les doctrines de l'Église, puisque après la mort de l'archevêque on rendit hommage à la doctrine qu'il avait invoquée en implorant saint Thomas de Cantorbéry. On voit donc que la liberté pas plus que les races vaincues, pas plus que la dualité du moyen âge ne furent pour rien dans cette affaire. Cet exemple peut servir à faire apprécier la valeur de toutes les théories qu'on a essayé de mettre à la place des faits pour en dénaturer le sens, et lesquelles n'ont servi, en général, qu'à rendre inintelligibles les choses les plus simples. En histoire, procéder par intuition est une chose dangereuse et qui réussit à peu de gens. Le seul moyen d'arriver à un résultat utile, c'est d'étudier les faits dans le livre où ils se

---

1. Nous n'avons pas à relever ici les erreurs commises par A. Peyrat sur les Fausses Décrétales. L'opinion qu'il émet ici était courante au moment où il écrivait cet article. Ce qu'il dit plus haut sur le concile de Capoue contient aussi des erreurs.

trouvent, et ceci prouve encore clairement que ce n'est pas la faute de M. Michelet s'il lui arrive de commettre de graves erreurs, chaque fois qu'il a à traiter une question qui se rattache au christianisme, les livres qui pourraient le servir en pareille occasion n'étant pas encore faits.

Il arrive cependant quelquefois qu'on rencontre un certain ordre de faits spéciaux, qu'il serait peut-être possible d'aborder par un procédé qui ne serait pas précisément et exclusivement historique. En histoire comme en philosophie, il y a deux ordres de questions : d'abord les questions dont la solution n'est pas encore possible; ensuite celles qu'on a résolues d'une manière qui choque directement la raison. Pour ces dernières, bien que la monographie n'en soit pas encore faite, il est possible de découvrir que personne n'en a donné une explication raisonnable, et, sans qu'on puisse précisément indiquer ce qu'il faudrait mettre à la place, d'affirmer que ce qu'on sait n'est pas la vérité exacte. En pareille occasion, le sens commun et la logique sont des guides très sûrs, des armes très redoutables et dire : « Je ne sais pas comment cela est, mais cela ne peut pas être ainsi, » peut être quelquefois une preuve de haute sagesse et de grande raison. Si M. Michelet avait essayé d'expliquer, de cette manière, certains passages difficiles de l'histoire, il est probable que nous n'aurions pas à signaler en ce moment une des plus graves erreurs qui se puissent rencontrer dans un ouvrage sérieux.

Nous voulons parler de ce que M. Michelet appelle, après tant d'autres, la fondation de l'ordre civil. « Philippe le Bel, dit-il, rendit le parlement tout laïque. C'est la première séparation expresse de l'ordre civil et ecclésiastique; disons mieux, c'est la fondation de l'ordre civil. » Et plus loin, au sujet des légistes de cette époque : « Ces cruels démolisseurs du moyen âge sont, il coûte de l'avouer, les fondateurs de l'ordre civil aux temps modernes. »

Nous n'aurions pas imaginé qu'il en coûtât beaucoup à M. Michelet d'avouer sa triste découverte, car il y revient un peu plus loin : « Que Philippe le Bel ait été ou non un méchant homme ou un mauvais roi, on ne peut méconnaître en son règne la grande ère de l'ordre civil en France, la fondation de la monarchie moderne. »

Maintenant que nous voilà bien avertis de la fondation de l'ordre civil, ou, comme on dit encore, de l'exclusion de l'élément étranger, nous prions M. Michelet de nous permettre de douter qu'il se soit bien rendu compte de ce qu'il a écrit à ce sujet. M. Michelet s'est-il demandé, par exemple, ce que pouvait être un droit civil national? S'il y avait un droit civil national? S'il pouvait y avoir un droit civil national? Et à supposer qu'après s'être posé ces questions il se soit répondu affirmativement, M. Michelet a-t-il cherché à savoir d'où pouvait venir ce droit civil, ce qui l'avait formé et d'où l'avaient tiré les légistes du XIIᵉ siècle, lesquels n'étaient certes pas en position de l'inventer? Pour le dire en passant, cette croyance à l'existence d'un droit national est d'autant surprenante ici que M. Michelet est non seulement le traducteur, mais

encore le disciple de Vico. Or, il y a dans Vico un certain chapitre sur
la nature commune des nations, lequel est exactement tout l'opposé
des idées actuelles de M. Michelet, et nous ne comprenons pas bien
comment il lui est possible de concilier l'approbation qu'il avait donnée jusqu'ici à l'ouvrage qu'il a traduit avec sa théorie nouvelle. Nous
savons bien qu'il est facile de trouver ces idées-là sur le droit dans plusieurs ouvrages d'avocats et de philosophes du xviii° siècle, mais, en
vérité, nous avons quelque peine à imaginer qu'on aille puiser à de
pareilles sources.

Si, au lieu de prendre ainsi les opinions toutes faites sur une matière
aussi grave et de croire sur parole des gens qui sont loin de le valoir
sous aucun rapport, M. Michelet voulait examiner un instant lui-même,
il lui serait facile de se convaincre que, loin d'avoir été remplacé par
aucune espèce de droit civil national, le droit ecclésiastique n'a pas
cessé un instant d'être en vigueur jusqu'à la Révolution de 1789. Il y
a même mieux, les ordonnances de Louis XIV, et en particulier celle
de 1667 pour la procédure civile et celle de 1670 pour la procédure criminelle, lesquelles ont servi à former notre procédure actuelle, sont
extraites textuellement de l'organisation judiciaire de la poursuite des
procès, telle que l'avait instituée en 1215 le quatrième concile de
Latran. Et si M. Michelet avait pris la peine de lire ce concile, il y
aurait vu que, non seulement le droit ecclésiastique n'a pas été remplacé au xiv° siècle par ce qu'il appelle le droit civil national, mais que
nous-mêmes aujourd'hui nous n'avons pas une autre manière d'arriver
à la connaissance des faits pour éclairer la justice. Le concile a prévu
tous ces cas. Il règle la rétribution des juges, la nature de leurs rapports avec les plaideurs, les causes qui peuvent servir à motiver un
appel, les formalités à remplir pour cet appel, les motifs qui peuvent
amener la cassation d'un jugement. Pour éviter les mauvais effets d'un
faux témoignage, ou les criminelles dispositions d'un juge concussion-
naire, comme aussi pour établir la preuve en justice, le concile décide :
que le juge sera toujours assisté d'un officier public, lequel n'est pas
autre chose que notre juge d'instruction ; et celui-ci, de deux scribes ou
greffiers, chargés de rédiger fidèlement tous les actes du jugement, à
savoir les citations, les délations, les récusations, les exceptions, les
pétitions, les réponses, les interrogatoires, les aveux, les dépositions
des témoins, l'exhibition des instruments, les interlocutoires, les renon-
cements, les appels, enfin tout ce qui peut servir à éclairer la conscience
et l'esprit du juge par l'exacte indication des lieux, des temps et des
personnes. Le concile décide, en outre, que l'original de tous ces actes
restera entre les mains de l'officier public pour faire preuve en justice
et qu'une copie seulement en sera délivrée aux parties intéressées.

Maintenant, si nous voulions indiquer seulement ce qu'était le droit
canon à l'époque où M. Michelet le fait si singulièrement disparaître,
il en résulterait bien évidemment qu'il n'eut jamais une plus grande
force, puisque ceux-là mêmes qui cherchaient, suivant lui, à s'affran-

chir du joug de l'Église ne surent rien trouver qu'ils pussent mettre à la place de ses institutions. Et certes la chose eût été difficile. En procédure, par exemple, il eût été merveilleux que Nogaret ou Plasian eussent mieux fait que l'Église, puisque nous-mêmes aujourd'hui nous ne procédons pas autrement qu'elle.

Qu'on juge maintenant si ce que M. Michelet appelle le droit civil national a mis quelque chose à la place des établissements du concile, ou plutôt s'il n'a pas copié mot pour mot les institutions ecclésiastiques; et si, au lieu d'établir des distinctions que rien ne justifie, il ne serait pas plus juste et plus historique de dire que nous devons au droit canon, beaucoup plutôt qu'au droit romain, tout ce que nous possédons de formes judiciaires. La chose, d'ailleurs, est facile à expliquer. Dans les premiers temps, juges, greffiers, avocats, tout le monde était clerc. Après la découverte du Digeste en 1137, l'étude du droit de Justinien avait commencé en France; on l'avait même enseigné publiquement à Toulouse et à Montpellier. Le même essai ayant eu lieu à Paris, cet enseignement fut défendu par la décrétale *Super Specula* du pape Honorius III. Cette décrétale porte que : « Encore que l'Église ne refuse pas le service des lois séculières qui suivent les traces de l'équité et de la justice, toutefois, parce qu'en France et en quelques provinces les laïques ne se servent point des lois des empereurs romains, et qu'il *se rencontre rarement des causes qui ne puissent être décidées par les canons*, afin que l'on s'attache plus à l'étude de la Sainte-Écriture, le pape défend à toutes sortes de personnes d'enseigner ou d'apprendre le droit civil à Paris ou aux lieux circonvoisins, sous peine d'être interdit de la fonction d'avocat et d'être excommunié par l'évêque diocésain. »

Sans examiner quelle a pu être en France l'autorité de cette décrétale, elle prouve évidemment que tout ce qui pouvait exister alors de lois séculières était bien au-dessous des canons; on en peut même conclure que les ecclésiastiques suivaient le droit romain en tout ce qui n'était pas décidé par les conciles. Et quant à l'époque dont parle M. Michelet, il fut si peu question de l'avènement d'un droit civil national que ce ne fut qu'en 1679, c'est-à-dire quatre siècles plus tard, qu'on nomma un professeur de droit civil à l'Université de Paris. Et, en vérité, on a de la peine à deviner les causes qui auraient pu amener un changement en pareille matière. Le droit canon avait tout prévu; il avait, pour ainsi dire, enveloppé et comme accaparé l'homme tout entier. Ainsi le concile de Latran avait établi les règles qui constituaient la possession légitime et les causes qui pouvaient occasionner la restitution d'un bien illégalement usurpé. Il avait vidé toutes les questions qui se rattachaient au mariage, institué les formalités à remplir pour contracter une union légitime, fixé le degré de parenté au delà duquel la dispense de l'Église devenait nécessaire, réglé enfin l'état des enfants.

On a regardé comme une innovation l'usage de condamner aux

dépens, qui commença en cour laie, sous Charles le Bel, vers 1326;
cet usage existait cependant en cour d'Église depuis 1258. Il avait été
établi par le concile de Tours[1], auquel assistait Alexandre III. Nous
aurions bien autre chose à dire si l'étendue de cet article nous permet-
tait de nous occuper de ce qui se rapporte à la procédure en cause
d'appel. Nous pensons cependant que ce que nous avons dit est suffi-
sant pour prouver qu'en fait l'existence d'un droit civil national, lequel
se serait substitué au droit ecclésiastique, est quelque chose de chimé-
rique et d'insoutenable. Il nous serait plus facile encore d'établir qu'il
est très peu philosophique d penser qu'il puisse exister un droit civil,
lequel serait la propriété de tel ou tel peuple en particulier; et ici nous
serions en assez belle position vis-à-vis de M. Michelet, puisque nous
soutiendrions les idées qui ont été et qui sont encore probablement
les siennes.

Maintenant, si nous avons réussi à bien indiquer les causes des
diverses erreurs que nous avons cru devoir relever dans le livre de
M. Michelet, il a dû en résulter la preuve inattaquable de ce que nous
disions en commençant, de l'impossibilité qu'il y avait encore, dans
les conditions actuelles de la science historique, d'écrire une histoire
générale. On a dû comprendre, en voyant un homme de la valeur de
M. Michelet se fourvoyer aussi complètement en des questions aussi
importantes que l'est celle, par exemple, qui se rapporte à la préten-
due différence entre le droit civil et le droit ecclésiastique, la nécessité
d'étudier en détail les points capitaux de l'histoire et d'en écrire la
monographie avant de songer à établir aucune généralisation, à bâtir
aucune synthèse. Il est bien évident, en effet, que nous n'aurions pas
eu à reprocher à M. Michelet un anachronisme de dix siècles en ce
qui concerne le culte de la Vierge, ni la singularité par laquelle il
explique la lutte de Thomas Becket contre le roi d'Angleterre, ni surtout l'erreur de fait et de logique qu'il a commise par rapport au droit
civil et au droit canon, si l'histoire du christianisme eût été faite. Or,
ce qui est arrivé à M. Michelet en cette occasion doit arriver encore et
à lui et à d'autres, par rapport aux autres questions que nous avons
déjà indiquées; et nous sommes convaincus, même en supposant qu'il
se fasse un changement complet dans la direction des études historiques, qu'il doit se passer encore longtemps avant qu'il soit donné à
bien des gens d'écrire quelque chose d'exact, de précis, de vraiment historique, soit sur l'origine de l'esclavage, soit sur la formation des communes, sur l'institution des coutumes et des justices seigneuriales. Il
est à regretter seulement que, pour obéir à des exigences de librairie,
des hommes comme M. Michelet dépensent, à la rédaction d'ouvrages
prématurés et d'une valeur générale discutable, de belles facultés
qu'ils auraient pu admirablement employer au progrès véritable de la
science.

1. Le concile de Tours auquel assista Alexandre III est de 1163.

L'auteur de cet article, Alphonse Peyrat[1], était un jeune Toulousain qui, après avoir été destiné par sa famille à la prêtrise et avoir fait de solides études classiques et théologiques au petit et au grand séminaire de sa ville natale, s'était dégagé, par la seule vigueur de son esprit, des idées traditionnelles dans lesquelles il avait été élevé. Il avait passé d'un seul bond à la libre pensée et aux convictions républicaines. Venu à Paris, à vingt et un ans, pour tenter d'y gagner sa vie par sa plume, il avait été accueilli à la *Tribune* par Armand Marrast, qui était son compatriote (Marrast était de Tarn-et-Garonne). Ses débuts furent retentissants. Il attira à la *Tribune* un procès et une condamnation. Mais un bon juge en matière de journalisme, Émile de Girardin, avait été frappé de son talent et il le fit entrer à la *Presse* en 1836.

Alphonse Peyrat est surtout connu des hommes de la génération actuelle comme journaliste et homme politique. Ceux qui avaient âge d'homme à la fin du règne de Napoléon III n'ont pas oublié avec quelle vigueur de pensée et quelle hauteur de style Peyrat mena campagne contre le régime impérial dans l'*Avenir national* de 1865 à 1870. Député à l'Assemblée nationale de 1871 à 1875, sénateur de la Seine de 1875 à 1890, Alphonse Peyrat fut dans ces deux assemblées un des représentants les plus intègres et les plus austères des traditions républicaines qui avaient inspiré les adversaires de la monarchie de Juillet et les fondateurs de la République de 48. Ces traditions républicaines, Peyrat les avait puisées dans l'étude approfondie de la première République. Toute sa vie il rêva d'en écrire l'histoire, et bien qu'il n'ait jamais pu, dans sa vie trop agitée de journaliste et d'homme politique, faire de son rêve une réalité, on pourrait presque, avec les nombreux articles qu'il a consacrés à la période révolutionnaire, reconstituer l'œuvre qui était déjà mûre dans son esprit. Le culte qu'il avait pour la tradition révolutionnaire s'adressait surtout à ceux qui en étaient pour lui les plus authentiques représentants, les jacobins; mais son jacobinisme n'était pas le fanatisme exalté et aveugle de certains jacobins du temps de

---

1. Né le 21 juin 1812, mort le 31 décembre 1890. Je ne connais d'autre biographie de lui que le petit livre de M. Ariste, *Alphonse Peyrat, sa vie et son œuvre.* Paris, 1890. Il faut y joindre le volume de M. J. Reinach, *Quelques lettres à Alphonse Peyrat,* et les articles de journaux publiés à la mort de Peyrat et à l'occasion de ce livre.

Louis-Philippe, comme B. Hauréau, l'auteur de la *Montagne ;*
c'était une conviction raisonnée, fondée sur une connaissance
très précise des événements et des hommes, qui faisait la part
des circonstances et des erreurs et qui avait sa raison d'être dans
l'ardeur de son patriotisme et dans ses idées sur la philosophie de
notre histoire nationale; car, tout en étant un homme d'action,
Alphonse Peyrat était avant tout un homme d'étude. Toutes ses
idées politiques, morales et sociales reposaient sur un ensemble
de doctrines philosophiques et religieuses très fortement médité
et sur des connaissances historiques très approfondies. C'est un
malheur pour les lettres que les nécessités de la vie aient
empêché Peyrat de consacrer plus de temps aux travaux de
cabinet et l'aient obligé à dépenser au jour le jour son talent
dans des articles de polémique politique, admirables sans doute,
mais voués à la destinée éphémère du journal. Ses brochures
politiques et historiques, son *Histoire élémentaire et critique de la Vie de Jésus*[1], son Examen de l'ouvrage de Quinet sur la *Révolution*, surtout les deux volumes de critique
historique, littéraire et philosophique, parus sous les titres
d'*Histoire et Religion* et d'*Études historiques et religieuses*,
le mettent de pair avec nos premiers critiques. Celui à qui je le
comparerais le plus volontiers est Schérer. Il a comme lui la
solidité érudite, un esprit philosophique étendu et lucide, un sens
littéraire très délicat bien que d'une austérité un peu nue et rigide,
une intelligence pénétrante et profonde de toutes les questions de
psychologie et d'histoire religieuses. Quoique imbu des idées du
xviii° siècle, il n'avait pas pour l'œuvre de l'Église le parti pris
d'hostilité et le dédain superficiel des philosophes de ce siècle; il
voyait dans la foi et l'organisation religieuses un des plus puis-
sants ressorts de la vie de l'humanité, et il en appréciait avec une
haute impartialité la grandeur et les effets, tantôt bienfaisants,
tantôt funestes. La théologie n'est pas une mauvaise école de
critique, pourvu qu'on sache se dégager à temps des liens du
dogme. Il n'a pas été inutile pour Sainte-Beuve d'avoir passé
quelques années dans l'intimité des solitaires de Port-Royal
et au milieu des disputes sur la grâce; Vinet a peut-être dû
à ses préoccupations et à ses études de théologien une partie

---

1. Michelet a dit de ce livre au ch. viii de la *Bible de l'Humanité :* « M. Peyrat a épuisé la question biographique et l'a tirée à clair, avec une ferme et
impartiale logique, dans un livre définitif qui devrait clore ce grand procès. »

des qualités qu'il a déployées dans la critique littéraire. Peyrat et Schérer avaient eu tous deux une formation d'esprit théologique, l'un dans le protestantisme, l'autre dans le catholicisme ; tous deux s'étaient dégagés de toute croyance dogmatique ; mais ils avaient tous deux gardé de cette première éducation une remarquable subtilité critique, un instinct très juste des limites de nos connaissances positives, de la méfiance à l'égard de la rhétorique, enfin l'intelligence des grands ressorts moraux qui font mouvoir l'humanité civilisée. Quand on lit avec soin le volume de Peyrat sur Quinet, ses essais sur la compagnie de Jésus, sur Henri IV, sur Bossuet et Louis XIV, on est frappé d'admiration pour l'étendue et la précision de ses connaissances, pour la finesse et la sûreté de sa critique, pour la variété et la largeur de ses vues. Si, lorsqu'il parle de la Révolution, l'historien ne peut pas se dégager tout à fait de l'homme de parti, il s'en libère entièrement dès qu'il aborde des époques plus anciennes, et l'on ne peut discerner en lui d'autre passion que celle de la vérité, cherchée avec une sincérité courageuse, exprimée dans une langue simple et forte, forgée d'un métal sonore et pur.

La fermeté sévère du jugement porté, en 1837, par Peyrat sur Michelet ne se comprendrait pas, tant il devance les idées alors répandues en France en matière de méthode historique, si l'on ne savait comment, chez Peyrat, sa clairvoyance naturelle de critique et d'historien avait été aidée par ses connaissances et ses préoccupations théologiques.

Ce qu'il y a de plus remarquable dans l'article de Peyrat, c'en est le début, la partie générale où, tout en rendant hommage aux talents de Michelet, Peyrat soutient qu'il a entrepris une tâche impossible en voulant écrire une histoire générale de la France. Une histoire de ce genre ne serait possible que si l'on possédait des travaux approfondis sur les origines et le rôle de la noblesse et sur la formation du tiers état, sur les coutumes et les justices seigneuriales et surtout sur le développement de l'Église chrétienne. Michelet cependant avait eu les mêmes préoccupations que Peyrat. Quand il avait préparé son histoire, il avait commencé par une série d'études préliminaires sur la formation des classes, la condition des personnes et des terres, le développement de la justice et l'évolution de l'Église et des doctrines chrétiennes. Mais ces études, dont chacune aurait exigé toute une vie de savant, Michelet n'avait pu leur consacrer que peu d'années, remplies par bien d'autres travaux encore. Peyrat était autorisé à dire qu'un historien de la valeur de Michelet aurait rendu un service plus réel et plus durable si, au lieu d'une vaste construction, ruineuse avant même d'être achevée, il avait travaillé avec patience à établir une des substructions de l'édifice. Michelet, il est vrai, pouvait répondre que la nature même de son génie le condamnait à entreprendre une de ces grandes constructions provisoires, destinées sans doute à être remplacées, mais qui, malgré tout, tracent aux historiens futurs des cadres de recherches, déblaient le terrain, ouvrent des voies nouvelles et projettent dans la nuit du passé, à côté de quelques fausses lueurs, des traits de lumière propres à guider les travailleurs. Peyrat se rangea sans doute à cet avis, car il ne poursuivit pas sa critique de l'ouvrage de Michelet, et il s'établit entre lui et Michelet des relations d'estime, d'admiration et d'amitié qui ne se démentirent jamais. C'est le souvenir de ces sentiments mutuels d'affection et de respect qui a inspiré à la fille d'Alphonse Peyrat la pensée de rétablir au Collège de France la chaire d'histoire générale occupée par Michelet de 1838 à 1851.

Si les idées de Peyrat sur les conditions dans lesquelles l'historien peut tenter des généralisations et des synthèses étaient profondément vraies, il n'avait pas moins raison de dire à Michelet qu'il est dangereux en histoire de procéder par intuition et surtout que sa théorie sur la dualité de l'histoire, sa prétention d'expliquer l'évolution des civilisations par la lutte perpétuelle entre la liberté humaine et les fatalités de la nature n'étaient pas justifiées par l'analyse exacte des faits et n'apportaient aucune lumière réelle sur leur enchaînement.

Quant aux exemples qu'avait choisis Peyrat pour prouver l'insuffisante préparation de Michelet à la tâche qu'il avait entreprise, il en est sur lesquels celui-ci pouvait se défendre, malgré la valeur des arguments que lui opposait son critique. Quand Peyrat lui reprochait d'avoir dit qu'au xiiᵉ siècle une grande révolution religieuse se produisit par le développement du culte de la Vierge et lui citait le concile de Capoue de 391 qui démontrait, par la condamnation de l'hérétique Bonose, l'antiquité du culte de la Vierge, Michelet pouvait répondre que la fête de l'Immaculée-Conception n'apparaît qu'en 1134, et que le culte de la Vierge prit, à partir du xiiᵉ siècle, une extension et une importance qu'il n'avait pas auparavant. Quand Peyrat critiquait la manière dont Michelet avait présenté la lutte de Philippe le Bel contre la papauté, soutenait qu'il ne pouvait y avoir au xiv⁰ siècle de droit civil national par la raison que le droit romain cédait le pas, à Paris même, au droit canon, que toute la procédure des tribunaux royaux était soumise aux règles promulguées par le concile de Latran de 1215 et que le droit ecclésiastique exerça une influence prépondérante sur notre système judiciaire jusqu'en 1789, ses arguments témoignaient d'une grande ingéniosité et d'une connaissance précise de certains côtés de notre vieux droit[1]; mais Michelet était autorisé à lui dire qu'il n'avait pas prétendu qu'au xiv⁰ siècle le droit civil l'avait emporté sur le droit canon, qu'il avait parlé seulement du triomphe de l'ordre civil sur l'ordre ecclésiastique; qu'il n'est pas douteux qu'à partir de Philippe le Bel le pouvoir laïque se met résolument en travers des prétentions de la théocratie, et que la royauté et l'administration modernes prennent naissance.

Sur la question de Thomas Becket, Peyrat avait pleinement raison de soutenir que la résistance de Becket à Henri II n'avait pas pour origine l'opposition des Anglo-Saxons contre les Normands, le fait que Becket était fils d'un Saxon et d'une Sarrasine et le représentant des races vaincues, mais bien les revendications élevées par l'archevêque de Cantorbéry, chef de l'Église et représentant du Saint-Siège, contre la prétention d'Henri II de subordonner les droits du clergé à l'autorité royale. Mais avait-il raison de dire que Michelet avait vu dans la lutte de Becket contre Henri II « la réaction des races vaincues contre les races victorieuses et laissé entendre que si Thomas Becket s'est insurgé contre le roi, c'est parce qu'il était peuple par sa naissance basse et obscure, par sa mère Sarrasine et son père Saxon? » Michelet prétendait que non, et il s'est vanté au contraire, en plusieurs occasions, dans des lettres privées et encore dans la préface de son *Histoire de France*, écrite en 1869, d'avoir rectifié sur ce point les idées d'Augustin Thierry. « M. Thierry, écrivait-il à Sainte-Beuve en 1837, d'après

---

1. Peyrat avait témoigné d'autant de clairvoyance que d'érudition dans ce qu'il avait dit du concile de Latran. Il avait reconnu, le premier peut-être, qu'à partir de cette date, la procédure des tribunaux laïques a été une procédure romano-canonique. Il y aurait tout un livre à écrire sur ce sujet. Peyrat l'avait indiqué. Il nous manque encore.

quelques passages ingénieusement interprétés, a avancé l'hypo-
thèse que l'affaire de Thomas Becket était un résultat de *vieilles
haines de race*. J'ai fait voir, par une foule de textes, d'après
les lettres de Becket lui-même, que c'était une affaire tout ecclésiastique. » Il écrivait la même chose à A. Nettement.

Qui devons-nous croire ici, Michelet, qui prétend avoir attri-
bué, comme Peyrat, à la lutte de Becket contre Henri II un
caractère exclusivement ecclésiastique, ou Peyrat, qui prétend
que Michelet a vu exclusivement, comme Thierry, dans cette
lutte, la suite d'une opposition de races? La vérité est que tous
deux exagèrent. Peyrat n'a tenu compte que d'une partie de ce
qu'avait dit Michelet dans l'admirable chapitre de son second
volume consacré à Thomas Becket, et Michelet n'avait pas le
droit de revendiquer le mérite de s'être entièrement dégagé des
idées d'Augustin Thierry.

Il n'avait pas tout à fait tort de dire qu'il avait corrigé l'historien de *la Conquête de l'Angleterre,* car il avait écrit,
p. 331 :

Ce serait rétrécir ce grand sujet que de n'y voir autre chose que
l'opposition des races, de ne chercher qu'un Saxon dans Thomas
Becket. L'archevêque de Cantorbéry ne fut pas seulement le saint
de l'Angleterre, le saint des vaincus, Saxons et Gallois, mais tout
autant celui de la chrétienté.

Et plus loin :

Ce qu'il y eut de grand, de magnifique et de terrible dans la destinée de cet homme, c'est qu'il se trouva chargé, lui faible individu et
sans secours, des intérêts de l'Église universelle qui semblaient ceux
du genre humain.

Mais, si Michelet a corrigé Augustin Thierry, il n'en était pas
moins tombé dans la même erreur que lui, ou, plutôt, il avait
suivi presque pas à pas Augustin Thierry dans le récit des débuts
de Thomas Becket en insistant sur son caractère saxon; il y
avait même plus insisté encore à quelques égards qu'Augustin
Thierry en faisant de Thomas Becket le représentant des libertés
du comté de Kent et du comté de Kent le centre de la nationalité
saxonne. Michelet n'avait pas encore su se libérer tout à fait de
cette conception de la lutte des races, à laquelle Thierry donnait

tant d'importance[1]. Il était aussi hanté par la pensée de la lutte des classes pauvres et déshéritées contre l'aristocratie et il cherchait jalousement au moyen âge les premiers bégaiements de la démocratie. Or, Becket, fils d'un marchand et, d'après une tradition légendaire, d'une mère Sarrasine, devient pour lui un représentant des classes populaires, oubliant que le père de Becket était puissamment riche et frayait avec la noblesse normande, que Thomas a commencé par être l'opulent, fin et docile chancelier de Henri II. Michelet l'appelle « le roi des pauvres ».

Il n'est donc pas exact qu'il ait fait voir que l'affaire de Becket était une affaire *tout ecclésiastique*, comme il le prétend. Il y a fait voir trois choses : une question de races, une lutte du pauvre peuple contre la noblesse oppressive, enfin une affaire ecclésiastique. Ce qui est vrai, c'est qu'il a développé ce dernier point de vue avec une très grande force, montrant Becket plus ardent et plus ferme à défendre les droits de l'Église que le pape Alexandre III lui-même et gourmandant celui-ci de sa faiblesse à l'égard d'Henri II.

Michelet aurait pu tenir compte des trois éléments qu'il a fait figurer dans l'histoire de Thomas Becket sans sortir de la vérité historique, s'il les avait mis chacun à leur place et à leur rang.

Son erreur, comme celle d'Augustin Thierry, a été de prendre pour point de départ de tout ce qu'il a dit de Th. Becket le fait que celui-ci était un Saxon et de ne pas se placer au point de vue qui domine la vie de tous les hommes à l'époque féodale, au point de vue des devoirs particuliers qui incombent à chacun du fait de sa fonction et de ses engagements. Th. Becket, tant qu'il a été chancelier du roi, a été un énergique défenseur des droits du roi, même contre l'Église; quand Henri II a voulu faire de lui un archevêque de Cantorbéry, il voulut se dérober à cet honneur parce qu'il savait qu'une fois chargé des intérêts du siège primatial il en remplirait toutes les obligations, et il dit à Henri II : « Vous me haïrez bientôt autant que vous m'aimez,

____

1. Je serais disposé à croire que le morceau sur Becket a été écrit à deux reprises, que, dans une première rédaction, faite pour les cours de l'École normale, Michelet avait suivi de près A. Thierry; puis qu'en reprenant le sujet pour la publication de son second volume, il a insisté sur le rôle de Becket comme représentant de l'Église et de la papauté, et qu'il a eu alors l'impression qu'il avait tout subordonné dans l'histoire de Becket au point de vue ecclésiastique.

car vous assumez dans les affaires de l'Église une autorité à laquelle je ne consentirai jamais. » Une fois en effet qu'il eut résigné ses fonctions de chancelier pour prendre celles d'archevêque et qu'il fut dégagé de son serment d'allégeance envers le roi pour devenir, par l'insigne du pallium archiépiscopal reçu du pape, l'homme lige de la papauté, le successeur de saint Augustin et de saint Anselme sur ce siège de Cantorbéry établi par la papauté en Angleterre pour défendre les droits de l'Église et du Saint-Siège, il se dévoua sans réserve à sa tâche et à son devoir ; il s'y dévoua jusqu'à la mort. Voilà le fond de l'affaire de Becket. C'est un épisode particulièrement dramatique de la lutte du temporel et du spirituel, du sacerdoce et du pouvoir royal[1].

- Est-ce à dire qu'il n'y ait aucun compte à tenir ni de l'origine saxonne de Thomas ni de l'enthousiasme qu'il excita dans les classes populaires? Je ne le pense pas. Si Thomas Becket avait été un des membres de cette aristocratie normande qui fournissait tant de titulaires aux sièges épiscopaux d'Angleterre, il est bien probable qu'il n'aurait pas opposé à Henri II une résistance aussi acharnée, même quand le pape l'abandonnait. Nous voyons en effet les évêques normands d'York, de Londres, de Lincoln, d'Oxford prendre parti pour le roi contre l'archevêque. On voit d'autre part que tous les adversaires du pouvoir royal, les Gallois en particulier, font cause commune avec Thomas Becket. Il est même permis de supposer que, dans la passion avec laquelle le peuple de Kent et d'Angleterre voua un culte à Thomas Becket, il y avait un reste du ressentiment des Anglo-Saxons, opprimés

---

1. Dans un compte-rendu publié, à la même époque, par Michelet, de l'*Essai sur l'histoire littéraire du moyen âge*, par Charpentier, il écrivait : « L'auteur a fort bien remarqué la perpétuité des traditions qui rattachent saint Thomas de Kenterbury à ses prédécesseurs, Lanfranc et saint Anselme. Lanfranc lui-même, le confident de Guillaume, l'organisateur de la conquête, défendit, par-devant le Conquérant, les privilèges des hommes de Kent. C'est un fait important que j'ose signaler à l'attention de l'illustre auteur de *la Conquête de l'Angleterre par les Normands*. Il n'a peut-être pas fait assez ressortir l'esprit de l'église de Kenterbury, de Dunstan à Lanfranc et saint Anselme, de saint Thomas à Étienne Langton, qui fit signer au roi Jean la Grande Charte. » Certes, il y avait une tradition du siège de Cantorbéry, mais cette tradition n'avait rien à voir avec les privilèges des Saxons. C'étaient les privilèges de son siège primatial que défendait Lanfranc. Quand il lutte contre le clergé normand en faveur de la réforme monacale et canonicale, quand il soumet le clergé de Cantorbéry à la règle des chanoines, ce n'est pas par sympathie pour les moines saxons de Saint-Augustin, car il réprime durement leur esprit d'indépendance.

par les Normands et les Français. Mais, ce qui est surtout vrai, c'est que, sans voir là un mouvement démocratique, le pauvre peuple regardait toujours vers l'Église comme vers sa protectrice naturelle contre les exactions d'une royauté et d'une aristocratie avides et oppressives. Et c'est comme archevêque dévoué à son troupeau, non comme fils du pauvre peuple saxon, que Thomas Becket fut entouré de la vénération du peuple et des pauvres.

Michelet avait donc bien discerné les divers éléments qui entrèrent dans la lutte de Becket et de Henri II, et il eut tort, en présence des critiques de Peyrat, de renier toute une partie de ses idées sur le caractère de cette grande lutte et de prétendre qu'il l'avait réduite, comme Peyrat lui-même, à une affaire exclusivement ecclésiastique. Bien que Peyrat eut exagéré en attribuant à Michelet un point de vue identique à celui d'A. Thierry, il avait eu raison de lui reprocher de donner une trop grande importance à la question de races. Michelet n'avait pas su attribuer aux divers éléments de la lutte leur place relative et leurs proportions exactes.

Michelet avait été surpris et comme étourdi par la vigoureuse attaque de Peyrat, si supérieure par la science et la pensée à tout ce qu'on avait écrit sur son ouvrage. L'article était anonyme. Michelet l'attribua d'abord à Granier de Cassagnac alors rédacteur de la *Presse*, qui, en janvier 1834, lui avait promis deux articles dans les *Débats*, « où il aurait d'immenses félicitations à lui adresser et de graves reproches à lui faire », et rédigea pour Granier de Cassagnac le brouillon d'une lettre qui ne fut pas envoyée, où il répondait aux principales critiques de l'article dans le sens même que j'ai indiqué plus haut[1]. Mais il apprit bientôt le vrai nom de son critique par M. Labot, avocat à la Cour royale, directeur du *Bulletin général administratif*, son ami et celui de Peyrat, qui s'était chargé de demander à ce dernier un compte-rendu du troisième volume de l'*Histoire de France*. Michelet remit à M. Labot la lettre suivante destinée à Peyrat :

Monsieur Alphonse Peyrat,
     rue Lepelletier, 21, près de l'Opéra.

Je n'accuse pas votre loyauté, Monsieur, mais votre inattention. Trop confiant dans les notes que l'on vous a fournies, vous avez

1. Nous donnons en appendice le texte de cette lettre.

longuement réfuté ce que je n'avais point dit et ce qui n'aurait pas
de sens.

Je n'ai pas dit que le droit civil datait en France de Philippe le
Bel. J'ai dit : l'ordre civil. J'ai expressément averti mes lecteurs que
j'ajournais tout ce qui concernait le droit (préface du IIIe volume).

Je n'ai point dit que l'affaire de Becket fût une affaire de races.
J'ai dit que c'était une dispute toute ecclésiastique. Le point de vue
de races (celui de Thierry) est fort secondaire et tout hypothétique.

Pourquoi, je vous prie, parler d'exigences de librairie? Pourquoi
cette aigreur et cette légèreté à l'égard d'un homme dont vous n'avez
point à vous plaindre et qui s'était adressé à vous avec confiance?
Ce mot est d'ailleurs aussi inexact qu'inconvenant. Je n'ai point
affaire aux libraires. Je reste propriétaire de mes manuscrits. Ma
position est indépendante de mes livres et même de mes places.

Quelque sujet que j'aie de me plaindre d'une hostilité sans motif,
veuillez croire, Monsieur, que je ne vous garde point rancune. J'aurais seulement désiré que vous ne vous rendissiez pas si aisément
l'organe d'une malveillance étrangère et que vous prissiez la peine de
vérifier les passages que l'on signalait à votre critique.

MICHELET.

Les principales fêtes de la Vierge datent du milieu du moyen âge.
C'est alors que le culte de la Vierge a vu son apogée. Vous n'en dou-
terez point lorsque vous étudierez les monuments de cette époque.

M. Labot jugea avec raison que cette lettre n'était pas faite
pour arranger les choses, que si Michelet pouvait se justifier sur
la question de l'ordre civil et sur celle du culte de la Vierge, il
prétendait à tort avoir fait de l'affaire de Becket une affaire *toute
ecclésiastique,* qu'enfin s'il avait le droit de se plaindre de l'accusation d'avoir cédé à des exigences de libraires, lui qui faisait imprimer ses livres à ses frais et vendait ensuite le tirage
à l'éditeur, il se mettait dans son tort en accusant tout aussi
gratuitement Peyrat de l'avoir critiqué sans le lire, sur des
notes fournies par ses adversaires. M. Labot prit sur lui de
garder la lettre de Michelet et de tâcher d'arranger l'affaire en
en causant avec Peyrat et en ménageant une entrevue entre lui
et Michelet. On s'expliqua. Tout en maintenant ses jugements sur
les points essentiels, Peyrat reconnut qu'il pouvait avoir mal
interprété la pensée de Michelet et qu'en tous cas il avait eu tort
de le croire capable d'avoir subordonné la composition de son
ouvrage à des considérations mercantiles. Au lieu d'écrire les

deux articles qu'il devait encore consacrer à l'*Histoire de France,* il renonça à cette polémique qui fut le point de départ d'une longue amitié.

L'article de Peyrat nous a paru mériter d'être tiré de l'oubli. Il a une réelle importance et en lui-même et au point de vue de l'histoire des méthodes historiques, et en même temps il nous fait connaître, à ses débuts, mais déjà en pleine possession de son talent, un des plus redoutables polémistes et un des meilleurs essayistes du xixe siècle.

APPENDICE.

Nous donnons en appendice des extraits considérables des articles de Nisard, trois lettres échangées entre Nisard et Michelet au sujet de ces articles, le brouillon de la lettre de Michelet à Granier de Cassagnac et la lettre écrite par M. Labot à Michelet au sujet de la polémique de Peyrat.

I.

Premier article de Nisard (20 janvier 1834).

Parmi les écrivains de ce temps-ci qui font de la littérature sérieuse, il faut mettre au premier rang M. Michelet... Il a déjà gagné une rare réputation par les meilleurs moyens : le travail, la conscience, l'aptitude historique et un rare talent de style. M. Michelet est tout à la fois savant et fécond ; il a déjà publié plusieurs ouvrages, et tous ces ouvrages sont faits avec soin ; il écrit beaucoup et il écrit bien ; il fait des choses difficiles avec toutes les apparences de la facilité ; il a l'air d'expédier les histoires, tant il les multiplie...

M. Michelet a voulu agir sur les idées de son époque avec des ouvrages historiques, c'est-à-dire l'espèce d'ouvrage qui s'accommode le moins, après ceux de pure science, de l'allure rapide et de l'air d'improvisation des écrits qui prétendent à une influence immédiate de l'esprit contemporain. Il a voulu fouiller le passé plus profondément qu'aucun de ses devanciers, et cependant parler au présent de chaque jour, de chaque moment. Il a senti que dans ces renouvellements si rapides et si brusques des idées contemporaines, dans ce mouvement des esprits dont on ne peut pas se détourner quarante-huit heures sans en perdre le fil, il fallait improviser en effet et faire de l'histoire en courant pour être lu et compté. Mais en écrivain probe, qui aime sa noble profession, il n'a voulu improviser que des choses mûries longtemps; il a écrit en courant, mais après avoir étudié au pas... M. Michelet a compris que si le siècle veut des écrivains expéditifs, il ne fait cas que des bons écrivains, et que la supériorité, dans ce temps-ci, ce serait de faire vite et de faire bien. Tâche horrible, tâche usante...

M. Michelet s'est dévoué à cette tâche horrible de faire vite et de faire bien. Pendant que le siècle dormait, lui, il a veillé; il a passé les nuits à préparer les matériaux et les jours à les rédiger. Il a vu que pour marcher du même train que l'époque et rester écrivain consciencieux il fallait tout simplement doubler sa vie, ajouter les heures du sommeil aux heures de la veille, faire de douze heures vingt-quatre heures, manger peu et à la hâte, debout comme le pèlerin, avec une plume à la main au lieu du bâton de voyage, vivre dans les livres, s'interdire les causeries, fermer sa porte aux oisifs qui viennent s'instrúire chez ceux qui travaillent et aux dépens de leur temps, enfin se tenir en dehors du monde des corps, pour économiser du temps pour le monde des idées. C'est ce qu'a fait M. Michelet. Il s'est logé dans un coin écarté de Paris afin de rebuter les visiteurs; il s'est mis à distance de la ville proprement dite, où peu de gens sont tentés de l'aller troubler, même pour le prix d'une de ses conversations nourrissantes. M. Michelet ne donne point d'audience; si on veut le voir, il faut l'aller chercher dans ses livres, c'est la seule partie de lui-même qu'il livre au public. Les amis même n'ont de ses nouvelles que par ses publications. Il leur envoie deux gros volumes tous les ans pour carte de visite. Admirable jeune homme!...

Aussi est-ce pitié de voir comme l'ardeur des études historiques a vieilli ce pauvre jeune homme! L'exemple est assez rare au temps où nous vivons pour qu'on me sache gré de le dire : ses cheveux ont blanchi à ce labeur du jour et de la nuit; son sang a suivi les battements incessants de sa pensée; la fièvre, une fièvre de tous les moments, le consume; et pourtant, sitôt que son livre est fini, sitôt qu'il est soulagé de cette érudition si chaude et si intelligente, il se sent affaissé, il regrette la force qui le faisait vivre. Il se plaint de ne plus travailler, comme nous faisons, nous, de travailler trop...

M. Michelet n'a aucune des habitudes de ce temps-ci; d'une part il n'est point inquiet de sa santé; tant qu'il écrit, il se porte bien. Il a pris son parti, le noble jeune homme : vivre peu, mais bien vivre...

D'autre part, M. Michelet n'est l'homme ni d'une camaraderie ni d'une coterie. Solitaire, il vit renfermé en soi; il n'a pas besoin de savoir chaque matin ce qu'on dit ou ne dit pas de lui; il n'a pas de clients qui rafraîchissent chaque jour sa gloire affaiblie ou tombée dans le public. M. Michelet n'a pas plus de satellites que de flatteurs littéraires; il croit à son travail, il croit à son ardeur pour la vérité, il croit à cette noble vie de l'esprit à laquelle il subordonne la vie du corps; il croit à ce qu'il fait parce qu'il y met toute son âme; et son âme est une âme de choix; il croit à sa conscience, et quels flatteurs pourraient le rassurer mieux que ne fait sa conscience! On ne peut lire sans douleur ces pages brûlantes, qui sentent non pas la veille du rhéteur limant ses phrases, mais la veille de l'écrivain ardent qui ne peut pas ajourner le moment des inspirations; il semble que chacune de ces pages ait coûté un jour à celui qui les écrit et que cette vie excessive de la pensée ait été mortelle à l'homme. Quelle gloire ferons-nous donc au jeune historien, qui soit digne de son sacrifice? Comment le siècle récompensera-t-il cet homme qui se tue pour les dates d'une histoire? Hélas! hélas! le siècle est incrédule, et comme tous les incrédules, il est dur à ceux qui croient. Le siècle juge l'œuvre, non à ce qu'elle a coûté, mais à ce qu'elle lui rapporte. Le siècle est si desséché de scepticisme que le beau spectacle d'une intelligence choisie s'épuisant à la recherche d'une idée, que ce lent martyre du travail ne l'émeut pas. Pauvre jeune homme, votre chaude et fougueuse histoire a déjà fait sourire les hommes qui donnent le ton à ce siècle si sec et si dédaigneux... Voilà donc votre idée, celle pour qui vous vous détruisez, celle qui a blanchi vos cheveux et ridé votre front avant le temps, celle qui brûle votre sang et vous afflige de douleurs prématurées, celle qui vous donne la vieillesse avant la gloire, la voilà, cette idée, aux prises avec toutes les incrédulités particulières, la voilà traitée comme pourrait l'être une des mille fantaisies de la littérature facile... Aujourd'hui l'homme qui ose montrer la prétention de rallier à une idée, à un symbole toutes ces incrédulités si jalouses, au lieu de faire des prosélytes, multiplie les dissidents, tant chacun tient à cette indépendance que la politique a appelée la liberté, la société le bonheur, la littérature le goût! Le livre de cet homme enfonce davantage les esprits dans leur stérile indépendance; on s'en méfie comme d'un tentateur; on ne veut donner à personne la gloire d'être de son avis. Ruinez donc votre corps pour un si beau succès!

... On met sa dignité à ne rien admirer; on désenchante un homme distingué, on tue ses plus chères espérances seulement pour mettre son libre arbitre, à soi, à l'abri... Ce siècle se dit transitoire, il rit de quiconque essaie de fonder quelque chose, même une doctrine inoffensive sur le passé...

Mais du moins sera-t-on d'accord sur le style de l'écrivain? Hélas! non. Les uns le trouveront trop passionné pour l'histoire, les autres trop poétique. Ceux-ci disent : « C'est de l'histoire lyrique. » Ceux-là : « C'est de la poésie historique. » Si on veut bien admirer l'imagination du jeune écrivain, sa verve, son coloris, on y mettra la restriction que toutes ces belles qualités ne conviennent pas à son rôle et que ce qui sied bien à un poète ne sied pas à un historien. Il aura beau demander à n'être qu'un historien, il aura beau invoquer son sens intime, sa passion pour ces graves matières, on lui répondra qu'un écrivain qui a un style plein d'images et de poésie n'est pas un historien.

Que lui restera-t-il donc, à ce martyr de la science, où tous les avis

soient unanimes? sa conscience d'écrivain et son talent. Sur le but,
sur l'emploi, sur les résultats de ce talent, il y aura autant d'opinions
que d'hommes; mais du moins sur la portée littéraire de ce talent, il
n'y aura qu'une opinion. Belle récompense en vérité!

Il a beaucoup de talent! Mais de qui ne dit-on pas cela?

II.

Deuxième article de Nisard (24 janvier 1834).

Jusqu'ici il n'y a eu que deux manières de faire l'histoire en France.

Ou bien on a résumé les faits particuliers et on les a généralisés au
profit de telle ou telle conclusion philosophique; on a sacrifié les détails
à l'ensemble; on a donné l'esprit bien plus que les éléments de l'histoire; on a fait l'histoire des idées bien plus que l'histoire des hommes.

Ou bien on a réuni le plus de faits particuliers possible; on s'est peu
occupé de l'ensemble et beaucoup des détails; on s'est montré plus
jaloux de savoir que de généraliser, de rassembler les documents que
de conclure; on a fait l'histoire des hommes bien plus que l'histoire
des idées.

La première manière a été plus particulièrement celle de Voltaire au
xviiie siècle et de nos jours celle de M. Guizot. La seconde a été plus
particulièrement celle de M. Sismondi et celle de M. A. Thierry.
(*Nisard caractérise assez longuement ici ces quatre historiens.*)

Le but de M. Guizot, plus érudit que militant, plus passif qu'actif,
c'est de faire l'histoire des idées au profit de la civilisation, mais d'une
civilisation ordonnée, régulière...; c'est la civilisation selon M. Guizot,
civilisation d'un esprit très élevé, mais roide, absolu par sa nature,
libéral par les nécessités du temps où il vit.

... On dirait que M. de Sismondi est attaché à son histoire comme le
serf à sa glèbe et qu'il laboure cette glèbe par devoir, mais sans l'ai-
mer. Son exactitude même fait peine; on voudrait pour lui qu'il sau-
tât par-dessus des détails qui doivent le chagriner et son érudition
semble être le tourment de son intelligence...

L'école de Voltaire et de M. Guizot, l'école des généralisations,
l'école spiritualiste, ferait l'histoire de France en quatre volumes; l'école
de MM. de Sismondi et Augustin Thierry ne la pourrait faire qu'en cent.

M. Michelet s'est placé entre les deux écoles et il est plus ou moins
marqué des caractères essentiels et des procédés de chacune. Toutefois,
son histoire n'est pas éclectique; il ne prend à personne son érudition
et ses idées, sauf à les déguiser par son style, comme cela se dit de
certain grand philosophe qui a pris toute sa philosophie dans les Alle-
mands; il ne compile pas, il cite. Mais il participe des deux écoles en
ce sens qu'il généralise comme la première, quoique dans un tout autre
but; qu'il descend aux détails, aux individus comme la seconde et qu'il
fait tour à tour l'histoire des faits et l'histoire des idées.

L'idée générale qui a inspiré l'Essai sur les mœurs, c'est le mal des religions; l'idée générale qui domine les fragments historiques de M. Guizot, c'est la marche de la civilisation; l'idée générale de M. Michelet, c'est l'unité de la France, et c'est par là que l'histoire de M. Michelet est une histoire spiritualiste.

D'autre part, M. Michelet a fait l'histoire du sol, des influences géographiques, des configurations territoriales, des rapports de l'homme à la terre et de la terre à l'homme. Dans ce point et dans d'autres encore, il a été plus matérialiste que MM. de Sismondi et Augustin Thierry. Ceux-ci, par exemple, se contentent de décrire les caractères, les passions; M. Michelet décrit les visages, l'allure physique; il entre dans le secret des tempéraments, dans les passions de race; il tient compte du teint, de la couleur des cheveux, de l'obésité du ventre; ce dont je ne le loue pas. Il est matérialiste au delà de ce qu'il faut pour vouloir l'être autrement que ses devanciers.

Je dirai aussi qu'il est plus spiritualiste que l'école spiritualiste, outre qu'il l'est autrement. Et non seulement, comme je l'ai dit, il fait tout converger, races, empires, féodalités, individus, vers un mystérieux avenir d'unité nationale, non seulement il fait l'histoire du futur dans le présent, mais pour chaque époque en particulier il fait une histoire de l'esprit comme pendant à l'histoire des faits et il donne une formule ou religieuse, ou politique, ou philosophique, de la pensée qui a dominé cette époque. De cette manière, le travail de généralisation est double, il comprend le présent et l'avenir. Dans le livre de M. Michelet, les générations passées accomplissent tout à la fois leur œuvre et travaillent sans le savoir au grand œuvre des générations futures; chaque époque a sa fin particulière et en outre prête son aide à une fin cachée qui aura son plein développement plus tard...

C'est au profit du rôle souverain et civilisateur de la France que conclut M. Michelet. La France a accompli l'œuvre de son unité, œuvre de quatorze siècles, œuvre de guerres et de douleurs... Mais ce n'est pas pour se tenir chez elle... La France s'est faite une pour être plus active et pour intervenir plus promptement dans les affaires du monde... S'il se tait prudemment sur le mode d'exécution que l'avenir prépare, il laisse voir toute la ferveur de sa foi sur le rôle de la France unitaire, de la Révolution et de Napoléon. C'est sous ce rapport que M. Michelet est l'homme des idées avancées, l'homme des générations nouvelles qui sont appelées à prêter leur tête et leurs bras et, s'il le faut, à donner leur vie pour que la France fasse ce qu'elle doit.

Telle est la pensée de M. Michelet. Cette pensée ressort-elle manifestement de ses deux volumes? Hélas! non; M. Michelet a une fougue d'écrivain qui contrarie l'esprit de suite et de méthode que demande l'histoire; son récit s'emporte, se déchaine et tantôt amoncelle des faits secondaires sur un point, tantôt dégarnit un autre point des faits essentiels. Le voilà qui glisse sur des événements où les éclaircissements sont attendus et, sur d'autres où ces éclaircissements surabondent, il

s'étend et prend de l'espace; il soulage son imagination de ses richesses
confuses, mais substantielles. Ce n'est jamais faute de matériaux que
le récit est quelquefois maigre là où on le voudrait plus explicite et
plus nourri; c'est que l'auteur n'a pas pris soin de distribuer les parties, et tantôt il écrit pour un résumé en deux volumes, et tantôt pour
une histoire en cent. Une science prodigieuse et une imagination trop
vive, logées dans le même cerveau, peuvent bien produire une grande
idée, mais point une méthode. Il y a une grande idée méthodique dans
l'histoire de M. Michelet; il y a un système; mais de méthode, il n'y
en a pas. La science amasse les matériaux (et rarement science plus
ardente et plus opiniâtre en amassa de plus nombreux); mais cela fait,
elle cède la place à l'imagination, qui songe bien plus à animer ces
matériaux, à les échauffer, à leur donner la vie, qu'à les ordonner. Or,
la science ne devrait se retirer qu'après avoir fourni les faits et l'ordre;
et c'est seulement alors que commencerait la tâche de l'imagination.

Ce n'est qu'à une seconde lecture que j'ai pu saisir le plan et le système de M. Michelet; et si c'est une critique de le dire, cette critique
est bien compensée, j'imagine, par l'éloge que je fais du livre en décla-
rant que je l'ai lu deux fois. De quel livre contemporain pourrait-on en
dire autant? C'est qu'il y a dans le désordre même du jeune historien
une puissance, une verve, un éclat de couleurs qui vous intéressent à
chaque page, vous saisissent à chaque détail et par là vous empêchent
de sentir le manque de méthode et même vous en ôtent tout à fait le
besoin. Mais la lecture finie, quand vient le moment de se rendre
compte de ce qu'on a lu et de réaliser ce qu'on a appris, alors l'esprit
est étourdi des richesses dont l'historien vient de l'accabler; il n'y peut
pas mettre la lumière; il s'aperçoit que toutes ces connaissances sont
entrées pêle-mêle dans sa mémoire, mais qu'aucune ne s'y est corsée,
et il accuse l'auteur qu'il vient d'admirer. Il faut lire deux fois le livre
de M. Michelet pour en avoir conscience. A la seconde lecture, les
détails ayant perdu ce charme de l'imprévu, de l'inattendu qui vous
prenait au passage et vous intéressait à chaque chose isolément, on
sent la formule philosophique du livre se dégager peu à peu de ce luxe
de détails sous lequel elle était enfouie. La seconde lecture répare ainsi
les lacunes de la première. Mais il serait bien plus beau d'être compris
et admiré dès l'abord, et c'est là la grande gloire des livres de
M. A. Thierry.

Je demande la permission de revenir une dernière fois sur M. Michelet.

III.

Le premier mérite d'une histoire, c'est de différer des histoires qui
l'ont précédée, soit par des découvertes réelles, soit par des faits réta-
blis ou complétés, soit par des erreurs réfutées... Le plus sûr moyen

de différer de ses devanciers et d'être plus savant qu'eux, c'est de se plonger courageusement dans les sources, et au lieu de prendre des jugements tout faits, c'est d'en aller chercher la source et le contrôle dans les chroniques contemporaines et de ne croire qu'à l'érudition qu'on a puisée de sa propre main aux origines. C'est ce qu'a fait M. Michelet. Là est son premier mérite. Pour lui toute histoire de France, rédigée sur des documents qu'il n'a pas vus, qu'il n'a pas compulsés, maniés, déchiffrés, est de l'histoire non avenue et révocable ; il n'accepte pas cette aide suspecte ; il veut éprouver par lui-même si le fait primitif ne l'affectera pas différemment.

... Il y a une invention dans l'histoire de M. Michelet... C'est un tableau géographique de la France ; c'est la France configurée, avec ses diversités de sol, de climat, de produits, et les influences de ces diversités sur les mœurs, le caractère, le génie de ses habitants. Le moment choisi par l'historien (je me sers à dessein d'une formule technique) est celui où les races commencent à s'asseoir et où la France tend à devenir un monde social... Les influences du sol et du climat ont agi sur le caractère des dynasties féodales et des localités régies par elles ; la géographie a commencé à faire partie de l'histoire. Marquer d'une manière précise le caractère original des provinces où ces dynasties ont surgi, tracer leur forme géographique et les expliquer par leurs faits, c'est-à-dire par les événements qui s'y passent et les hommes qui y jouent les grands rôles, telle est la pensée de M. Michelet, et cette pensée est neuve, tout au moins. Elle comprend dans le livre une centaine de pages très belles, où, sauf quelque luxe poétique et peut-être certaines généralisations hasardeuses, principalement en ce qui touche les influences intellectuelles des localités, il n'y a qu'à admirer.

Dans le reste de l'ouvrage, ce sont moins des faits inconnus et neufs qu'on peut remarquer que les points de vue particuliers sous lesquels ils sont présentés par l'historien. Comme dans toute histoire systématique, les événements et les hommes y ont un peu le caractère du système ; ce qui ne signifie pas qu'ils sont faux et mensongers, mais seulement qu'ils inclinent davantage vers la conclusion de l'auteur. Il y a dans tout système une petite portion de mauvaise foi innocente ; mais c'est cette mauvaise foi relative qui fait la vie d'un récit historique ou autre.

(Exemple de Thomas Becket, que Voltaire considère comme un rebelle, qu'Augustin Thierry étudie comme un caractère et en qui Michelet voit un homme du présent et de l'avenir. Ainsi, le même fait, qui est rébellion dans Voltaire, rivalité très explicable dans A. Thierry, est devenu dans M. Michelet insurrection légitime, révolution de l'esprit contre la matière, lutte de l'avenir contre le présent.)

Maintenant j'arrive au style.

Dans le mot style, appliqué au livre de M. Michelet, je comprends deux choses, le ton général de l'ouvrage et le style proprement dit.

Je me range à l'avis de ceux qui ont trouvé à reprendre dans le ton général de l'Histoire de France ; c'est en beaucoup d'endroits une sorte de lyrisme historique, plutôt que de récit ou de discussion. Là même où ce lyrisme est le plus éclatant, le moins qui arrive, c'est que l'historien perd en crédit ce que l'historien peut gagner en originalité. C'est un ton que je ne blâme pas absolument, mais seulement dans les matières d'histoire... L'histoire enseigne, elle n'est pas sur le trépied. L'enthousiasme sied à la poésie, à la polémique ; dans l'histoire, il est suspect. Est-ce donc à dire que nous interdisions l'histoire à qui est doué de l'enthousiasme? Vraiment non ; mais la gloire est d'imposer silence à une faculté qui veut parler là où elle n'a que faire ; la gloire n'est pas d'avoir du talent, mais le talent qu'il faut. Croyez-vous que Bossuet n'eût pas d'enthousiasme!... L'histoire n'exclut personne et s'arrange des talents les plus divers ; tout peut y entrer, mais dans une mesure qui n'altère pas le caractère du genre et qui ne détruise pas l'originalité de l'écrivain.

Là où l'histoire est hors du ton historique, il n'est pas étonnant que le style soit exagéré. Dans M. Michelet, les mêmes endroits, qui sont marqués du premier défaut, sont marqués du second ; le mot défaut est peut-être trop dur ; je dirai, si vous voulez, qualités inopportunes, mérites qui ne sont pas à leur place ; car il faut avoir beaucoup de verve pour en avoir de trop et beaucoup d'imagination pour en avoir hors de propos. L'Histoire de France est en général trop chargée d'images ; les générations y ont une vie galvanique ; les monuments y respirent ; les ogives des cathédrales y pensent ; les croisées y méditent et y rêvent ; l'ardent historien veut mettre une pensée à chaque pierre, une passion à chaque coup de ciseau, à chaque entaille une souffrance, ou un doute, ou une joie ; il se trompe : aux époques les plus enthousiastes de l'humanité, au temps où l'art est le symbole des pensées les plus remuantes, où la société est la plus palpitante, si vives que soient les préoccupations de l'artiste, il y a toujours dans son œuvre plus de parties de hasard et d'insouciance que d'application ardente.

Au reste, si c'est M. Michelet qui a raison, moins de luxe d'images ne pouvait que lui donner un peu plus raison. M. Michelet, historien de notre unité nationale, devait plus qu'aucun autre garder son style de cette stérile poésie d'expression qui ne peut pas recommander des idées maigres et peut affaiblir des idées fortes... Écrivez pour les masses, non pour les mandarins ; pour la foule, non pour les curieux d'effets de style ; pour la place publique, non pour les académies. Ne risquez pas votre crédit d'historien pour vous donner un relief douteux d'écrivain. Serrez cette langue à qui vous prédisez de si hautes destinées ; éloignez-la de tout ce qui peut gêner sa marche à travers le monde ; purgez-la de ce faux luxe d'épithètes et d'images qui l'empêchent de circuler librement au milieu du peuple ; faites pour la langue ce que nous faisions pour l'armée, on a raccourci l'habit des soldats...

J'attribue les deux défauts du livre de M. Michelet à sa vie solitaire, à sa maladie, à cette fièvre de travail qui surexcite sa pensée et fait prédominer çà et là son imagination sur sa raison. Dans son coin, au milieu de ses manuscrits, à la lueur de sa lampe, cet homme qui fait de la nuit et du jour une seule veille, est plus préoccupé de la poésie que des affaires et des formules que des faits. De là son lyrisme historique. De plus, vivant loin des revirements de l'opinion littéraire contemporaine, il ne sait pas que certaines beautés de style ont perdu leur crédit, que le neuf est devenu le vieux et l'imprévu le prévu, que la mode de brochettes d'épithètes se fortifiant et s'appelant l'une l'autre a passé comme d'autres modes, comme celles par exemple des images physiques, des éloquences qui sont de la lave qui se fige et devient granit, des cerveaux qui sont pleins de tonnerres, des monuments qui dansent, des chœurs d'église qui penchent la tête et des fenêtres qui pleurent. De là sa prédilection pour les images; il croit prendre la foule par son faible, mais la foule n'a plus ce faible; la popularité n'est plus là, et Dieu en soit loué!

C'est encore à ces préoccupations de vie solitaire et fébrile qu'il faut attribuer ces éloges qu'il prodigue, dans ses notes, à une foule d'écrivains contemporains, dont plusieurs ne peuvent plus être sauvés par un éloge ni ressuscités par une note.

Heureusement, M. Michelet a deux styles et deux tons dans son livre; il a le ton de l'histoire et le style de la France universelle, à côté du ton lyrique et du style à la mode. J'en appelle donc à lui calmé, reposé comme il l'est dans certaines pages, de lui haletant, échevelé, s'enivrant du bruit de sa phrase comme il l'est dans d'autres. Certes, si M. Michelet était toujours sublime, je le plaindrais et n'oserais pas me faire le garant de son avenir littéraire; mais quand je le vois simple, sobre, ménageant ses richesses, ce qui est la seule manière de prouver qu'on est riche, alors je l'admire et je l'envie pour la belle place qu'il aura quelque jour dans l'histoire de cette époque et dans le compte de ses titres réels...

IV.

D. NISARD A J. MICHELET.

Mon cher ami,

Quoique vous n'ayez pas été content de moi dernièrement, de moi qui suis le seul de vos amis et de tous les critiques qui ait parlé de votre livre, de moi qui ai pu vous critiquer sans vous nuire et vous admirer sans être suspect de partialité, de moi qu'un de vos admirateurs complimentait tant naguère pour le *bien* que j'ai fait à votre réputation, je n'hésite pas à vous demander un service et je ne doute pas que vous ne mettiez de l'empressement à me le rendre. Voici ce dont il s'agit :

Des éditeurs m'ont chargé de surveiller une très importante entreprise littéraire : *Histoire et description des principales villes de l'Europe, considérées sous le triple rapport de l'histoire proprement dite, de l'art et de la statistique.* C'est une histoire locale, domestique, de chaque ville, dans l'idée du livre de Vitet, mais avec moins de développement et de longueur. Il y aura accompagnement de gravures, ce qui est l'assaisonnement obligé de tout livre. Mon nom, que je donne là et qui ne vaut que par mes habitudes consciencieuses, vous garantit que la chose est digne, littéraire, et non de pacotille, comme la plupart des *entreprises* de ce temps-ci.

J'ai déjà de beaux noms, et parmi ces beaux noms le *vôtre*, que j'avais engagé d'avance, tant j'ai cru devoir compter sur vous. Carrel, Villemain, M. de Chateaubriand, les deux Thierry et d'autres dont je ne vous donne pas la liste m'ont promis leur collaboration. Ce sera une belle collection, si elle est réalisable. Nous la tenterons avec de grandes ressources d'argent, de zèle et, comme vous voyez, de talent. Écrivez-moi un mot de réponse. Je vous enverrai le *prospectus* qui donne quelques détails nécessaires. Rien ne vous sera plus facile avec vos jeunes aides-historiens de nous faire quelques histoires de villes, tout en travaillant pour votre cours, dont je vous dirai ce qu'on pense, outre beaucoup de bien, quand je vous verrai.

Amitié et admiration.

Désiré NISARD.

Ce jeudi 27.
Rue Saint-Fiacre, n° 16.

V.

J. MICHELET A NISARD.

28 février (1834).

On vous a trompé, mon ami, en vous disant que je n'étais pas content de vos articles. J'ai trouvé seulement que vous me traitiez un peu *en jeune homme qui promet* et que vous n'aviez pas compris que le mérite de mon livre était tout entier dans la nouveauté de ma méthode ; à cela près, je suis content.

Vos trois articles, pleins d'âme et talent, ont certainement contribué à attirer l'attention sur l'ouvrage et sur l'auteur.

Quelque reconnaissant que je sois, je ne puis prendre part à votre entreprise. A cela il y a une bonne raison, c'est que je suis votre concurrent. Avant d'écrire une ligne de mon Histoire de France, j'ai commencé une histoire et description des principales provinces de la monarchie, d'où j'aurais tiré plus tard une histoire générale. Les amis auxquels j'en parlai alors, MM. Edwards, Poret, etc., me firent sentir qu'un pareil travail exigeait des voyages et des recherches dans les bibliothèques et archives de provinces auxquels mes fonctions actuelles ne me permettaient pas de me livrer. Des nombreux matériaux que j'avais déjà, j'ai extrait mon chapitre de géographie. Vous pouvez lire, tome II, premières lignes de la page 8, le plan que je comptais suivre dans ce voyage historique. La chose est ajournée probablement pour deux ans. Mais à cette époque je l'exécuterai infailliblement.

VI.

D. Nisard a J. Michelet.

Votre nom, mon cher ami, que j'ai contribué à répandre, eût été un grand service pour l'entreprise que je vais diriger et pour moi personnellement. Vous ne croyez pas pouvoir me le donner; j'apprécie vos motifs, mais je ne résiste pas à vous témoigner combien il m'est pénible de renoncer à l'honneur et aux avantages que j'aurais tirés de ce nom. J'avais pu me vanter tout haut de votre collaboration, et ceux à qui j'en parlais comme d'une chose qui ne pouvait pas me manquer, trouvaient tout naturel que j'attendisse une telle marque d'amitié d'un homme pour lequel j'ai montré une admiration si vraie et si sentie, et un dévouement dont les critiques, mes collègues, ne donnent pas souvent l'exemple. Il faudra dire que je me suis trompé, et c'est, je vous l'avoue, une peine vive, non pas pour mon amour-propre, mais pour mon amitié.

Je veux être franc jusqu'au bout. J'ai pu craindre qu'à tous les motifs que vous me donnez pour justifier votre non-acceptation, il ne se mêle, quoique vous m'assuriez le contraire, un certain mécontentement des restrictions que j'ai mêlées à mes éloges, dans ces articles dont vous voulez bien me faire compliment. Un écrivain (et c'est le tort des plus distingués comme des plus inconnus) ne tient pas compte seulement de la conscience de son critique, mais de l'opinion et des impressions au milieu desquelles vit ce critique, et dont il faut bien qu'il se soucie, quelle que soit son affection personnelle pour l'écrivain. C'est ce que j'ai éprouvé de beaucoup d'auteurs, et ce que j'éprouve de vous en dernier lieu. J'ai pourtant un sens quelconque, un goût, auquel il faut bien que je croie, et j'entends, d'autre part, des avis qui ont du poids, des impressions qui s'expliquent par des raisons, et dont il faut bien que je prenne note, moi critique, qui ne fais qu'emprunter au public ses opinions pour les lui rendre formulées. Il résulte de ces rapports entre le critique et le public que tel éloge exagéré nuit toujours à un écrivain, et qu'au contraire une critique cordiale, mêlée d'une admiration chaude et motivée, sert puissamment à la publicité d'un livre. C'est la différence que je fais, mon bien cher ami, entre mes articles et ceux que vous m'énumérez, et que vous ne pouvez pas considérer même comme des adhésions sérieuses aux idées de votre belle histoire.

Rassurez-moi sur ce petit scrupule, et comptez toujours, quoi qu'il arrive, que je ne manquerai jamais une occasion de témoigner toutes mes sympathies d'intelligence et d'âme pour votre admirable talent. J'ai mis à votre réputation deux intérêts bien forts, un intérêt du cœur et un intérêt de vanité. Vous qui êtes un écrivain plein d'ardeur et de foi, et qui supposez que le public se rend sans peine à un grand talent, vous ne pouvez croire que pour nombre de gens, qui sont du public sérieux et compétent, j'ai fait acte de témérité en disant que je m'honorais d'avoir été le héraut de votre renommée littéraire, et que ce serait désormais une bonne note pour moi de vous avoir admiré publiquement des premiers, sinon le premier.

Amitié et dévouement.

Désiré NISARD.

Rue Saint-Fiacre, n° 16.
Vendredi 28.

VII.

MICHELET A GRANIER DE CASSAGNAC.

8 octobre 1837.

Je désire, Monsieur, que l'article sur les *Origines* soit plus sérieux que celui de ce matin, et que du moins l'on ne réfute que ce que j'ai dit en effet.

Dire que le *droit civil* date de Philippe le Bel, c'eût été un non-sens. J'ai dit l'*ordre civil,* ce qui est tout différent.

J'ai dit positivement que l'article de Thomas Becket était une dispute toute ecclésiastique. Le point de vue de Thierry, celui des races, est fort secondaire et tout hypothétique.

La fête de l'*Immaculée-Conception,* de l'*Assomption,* etc., tout cela est du milieu du moyen âge. Je ne nie pas que la Vierge n'ait été de bonne heure reconnue comme Vierge. C'est aux XIIe et XIIIe siècles que le culte de la Vierge a eu son apogée. Tous les monuments en font foi.

Nous marchons dans deux routes différentes, et nous pouvons nous aider. Pourquoi voudriez-vous que nous fussions ennemis ?

Croyez que l'attaque de ce matin n'a point altéré mes sentiments pour vous.

MICHELET.

VIII.

A.-F. LABOT A J. MICHELET.

Paris, le 18 octobre 1837.

Mon très cher et très honoré maître,

Je vous renvoie la lettre à M. Peyrat que je n'ai point remise. Je l'ai vu hier matin, après l'avoir vainement cherché deux ou trois jours. Il a voulu entamer une discussion historique. Ce n'était pas mon affaire. Aussi j'ai ramené la question sur son vrai terrain. Je suis demeuré convaincu qu'il avait écrit son gigantesque article sans aucune intention malveillante et qu'en épluchant quelques-unes de vos phrases, qu'il avait sur le livre notées au crayon, il avait seulement cherché à faire de la science et à briller aux yeux des lecteurs. Or, c'était pour lui quelque chose de très honorable que de trouver des erreurs dans votre livre. Il est donc entré en chasse sur vos idées ou plutôt sur vos mots. Il a pris çà et là des lambeaux de phrases et il vous a fait dire ce que vous n'aviez pas dit; mais je crois que dans ce travail il était de très bonne foi et surtout qu'il n'avait été influencé par personne. Il est même persuadé que vous devez être content de son article et il prétend que, s'il a relevé dans un premier article ce qui lui avait semblé répréhensible dans le livre, c'était pour se mettre plus à l'aise dans les deux autres et pouvoir, sans passer pour complaisant, donner des éloges à ce qui est bien.

Il avoue ses torts relativement au mot : *exigences de librairie*. Il le regrette et vous donnera pleine et entière réparation. Ce mot, dit-il, ne s'appliquait pas à vous, et avait dans sa pensée un sens tout à fait général, nullement personnel.

Il ne veut pas se rétracter sur ce qu'il a dit du *droit civil*, de Thomas Becket, et des fêtes de la Vierge. Je lui ai fait comprendre que sur ces questions il ne pouvait pas se permettre d'avoir une opinion à côté de la vôtre, que vous connaissiez très vraisemblablement aussi bien que lui les textes qu'il invoquait et que, dans tous les cas, il était très possible qu'il se fût mépris sur le sens et la portée de quelques-unes de vos paroles ou sur la valeur de ses textes.

Il s'est rendu à mes raisons et m'a témoigné l'intention d'aller vous voir chez vous. Je lui ai promis de votre part un accueil bienveillant et gracieux, malgré ses torts. Je vous préviens que dans sa visite il fera à peu près ce qu'il a fait dans son article, c'est-à-dire qu'il veut, le malheureux, se donner l'honneur de rompre une lance avec vous.

Je ne puis pas vous fixer le jour de sa visite. Je ne crois pas que l'article passe avant les élections, car il est en ce moment, à ce qu'il m'a dit, très occupé d'élections dans la Presse.

J'ai parlé au propriétaire du *Messager*. L'article passera le lendemain du jour où je le remettrai.

Je voulais aller vous voir pour vous rendre compte de ma négociation, mais j'ai craint de ne pouvoir entreprendre ce voyage avant quelques jours et j'ai préféré vous écrire pour que la visite de M. Peyrat ne vous surprît pas, dans le cas où il pourrait la faire ces jours-ci.

Agréez l'assurance de mon entier et respectueux dévouement.

A. LABOT.

Mes respects à M. votre père.

Nogent-le-Rotrou, imprimerie DAUPELEY-GOUVERNEUR.